스탠바이, 방송 작가

BEGINNER SERIES 6

스탠바이,
방송 작가

글 강이슬

I AM A

방송 작가를 꿈꾸는 이들을 위한 직업 공감 이야기

BROADCASTING
WRITER

크루

CONTENTS

Part 2
방송 작가 진로 가이드

Part 3
콘텐츠 생산직

Part 4
미래 콘텐츠의 주역

PROLOGUE

"방송 작가라는 기묘한 세계로 온 걸 환영합니다."

오늘날, 미래를 그릴 때 그 기준을 당연하게 100세라 칭한다. 그만큼 내 삶의 절반을 이끌고 갈 직업의 생명력도 짙은 것만 쫓는다. 혹은 적게 일하거나 길게 연금이라도 나온다면 그만 한 직업이 없다고 평가받는다. 수박 겉핥기식으로 방송 작가를 생각했다면 프리랜서이자 조직이라는 울타리가 없어 불안정하고 곧 빈 깡통을 찰 직업이라 여길 것이다.

나는 반대의 이야기를 하고 싶다. 어떤 직업이든 길고 짧은 것은 한 끗 차이고 자신의 태도에 따라 그 결과는 달라질 것이다. 일반적으로 방송 작가라는 직업에 대해 질문하면 다음과 같은 말들이 불쑥 나온다.

"연예인 많이 봐서 좋겠어요."
"방송국에서 일해요?"
(혹 방송 선배라면) "이 직업 말고 다른 걸 선택해요."

직업에 대한 호기심이 아닌 온통 배경, 환경에 대한 질문만 쏟아진다. 혹 그마저도 방송 작가로 일하고 있는 사람들은 서둘러 포기하라고 재촉한다. 하지만 이 직업만큼 세상을 탐구하고 내가 무엇을 가장 좋아하고 잘하는지 끊임없이 질문하며 행동하게 하는 것은 없다고 본다.

방송 작가는 한 가지 아이템을 이야기하기로 하면 그 세계에 대해 누구보다 깊이 파고들고 그 수많은 정보를 가지치기한 후 예쁘게 포장해 세상에 내놓는다. 초반에는 본인의 취향과 상관없이 주어진 것은 다 위와 같이 완성해야 한다. 남의 이야기를 또 남에게 들려주는 중간자 역할로서 누군가를 설득하는 능력에 능숙해질 것이다. 사람을 대하는 것을 좋아하지 않더라도 수많은 사람 속에서 섞여 살아야 하고 알지 못하던 사람도 내 사람을 만들기 위해 다가가야 한다.

나는 방송 작가로 일하면서 사람을 더 좋아하게 되었다. 남을 좋아하다 보니 나라는 사람에 대한 호기심도 생겨 이제는 남의 이야기가 아닌 나를 어떻게 세상에 전할 수 있을지 고민하며 살아가고 있다. 이 직업에는 정년퇴직이나 끝은 없다. 스스로 멈추지 않는 이상 굴러간다. 이 책에서는 자신을 완성할 수 있는 다양한 이야기들을 질문과 답변들로 나열해보았다. 간절히 방송 세계에 속하길 원한다면 이 속에서 단 하나의 영감을 얻어서라도 자신을 완성해나가길 바란다.

1 방송 작가가
하는 일

15년 전, 찬 바람이 살갗을 스치던 겨울날이었다. 둥근 몸의 등촌동 SBS 공개홀로 향했다. 학창 시절 좋아하는 가수를 쫓아 1시간 버스, 2시간 지하철을 타고 새벽부터 줄 서 기다렸던 이곳에 일하러 왔다는 것이 믿기지 않았다.

유리 창문에 비친 나를 들여다보며 다시 단장했다. 교수님께서 주신 선배님의 번호로 전화를 걸었다. 떨리는 심박수만큼 통화연결음도 빨랐다. 방송이라는 울타리에 처음 건너 들어가 본 것은 SBS 〈스타킹〉 프로그램의 녹화 현장에서 막내 작가로 아르바이트하는 일이었다. 피곤에 젖은 얼굴로 마중 나온 선배는 나를 대기실로 데려갔다. 내가 걷는 모든 길을 겨울의 추위로 얼려 놓았나 싶을 정도로 얼음판을 걷듯 모든 게 조심스러웠다.

이 마음과 달리 현장은 달랐다. 저마다 바빠 머리 위에서 뜨거운 열기가 피어오르는 듯 보였다. 소개가 끝나기 무섭게 선배 작가가 형광펜과 대본을 넘겨주었다. "노사연 언니 멘트만 줄을 쳐." 무언가 미션이 생긴 것이 신기하고 다행이다 싶었다. 오전 8시에 시작된 리허설은 점심 이후에 끝이 나고 본

12

격적인 녹화가 시작되었다. 그리고 캄캄한 밤이 짙게 깔린 밤 10시가 되어서야 집에 돌아갈 채비를 했다. 피곤함보다 배고픔이 밀려왔다. 14시간 넘게 김밥 4알을 먹은 것이 전부였다. 첫 경험이었던 녹화장에선 8명의 작가들이 화장실에 갈 시간도 없이 움직였다. 그리고 다음 날 또 아침 일찍 방송국에 나와야 했다. 당연히 휴일조차 없었다.

모두가 "힘들다"는 말을 버릇처럼 토해내는 광경을 직접 보고 겪었음에도 이 바닥에서 10년을 넘게 살아가고 있다. 절대 내 삶에 들여놓고 싶지 않았던 이 직업이 지금은 너무 좋다. 나와 맞지 않던 일이라 여긴 방송 작가가 현재는 마치 내게 꼭 맞는 옷이 된 것이다. 이런 사람을 바꿔놓은 직업의 매력이 궁금할 것이라 믿는다. 지금부터 간절하지 않았지만 간절해졌고, 교합이 맞지 않다가 정렬을 찾은 한 사람이 방송 작가의 삶을 소개하고자 한다.

Q1
방송 작가는
어떤 일을 하나요?

누군가 내게 방송 작가에 대해 물으면 "콘텐츠 플랫폼이라는 곳에서 집을 짓는 사람"이라고 말한다. 전원주택을 짓는 사람들은 대략 23단계를 거쳐 집을 짓는다고 한다. 자료 수집, 땅 준비, 설계 및 시공사 선정, 부지 조사, 공간 설계, 실시 설계, 건축 인허가 접수, 착공계 접수, 땅 정리 및 토목 공사, 기초 공사, 골조 공사, 벽체 공사, 마감 공사, 완공 등 입주에 이르기까지 어느 하나 주인으로서 소홀히 할 것이 없다.

방송 작가도 마찬가지로 프로그램이라는 집을 짓는다. 먼저 어떤 장르의 프로그램을 만들 것인가 하는 미션이 주어진다. 어떤 성격을 가진 캐릭터들로 어떻게 구성해 나갈지에 대한 세심한 자료조사가 시작점이다. 어느 정도 윤곽이 드러났을 때 이 프로그램과 잘 어우러지는 채널, 플랫폼을 선정하는 것이 땅 준비에 가깝다. 기획안 작성에 앞서 집을 지을 때 설계, 시공사를 선정하듯이 스태프들을 구체화하고 인물을 섭외하기 시작한다. 출연진을 찾아 연락하고 프로그램을 설명하며 스케줄 조율, 사전 인터뷰까지 작가의 몫이다. 그 인물들을 탐구하여 어떤 이야기를 그려나갈지 가상 구성이 정해지면 기획안이 완성된다. 이 기획안은 프로그램에 참여하는 협찬사,

채널사, 추가 섭외인 등에게 프로그램을 설명하는 소개서로 볼 수 있다.

누군가에게 나의 집을 어필하는 이 과정을 볼 때는 문인의 작가가 아닌 마케팅 글을 쓰는 이와 더 가깝다는 생각이 들기도 한다. 편성이 확정되었을 땐 그 일정을 중심으로 사전 미팅, 촬영, 편집, 종편 스케줄을 연출팀과 함께 짜게 된다. 프로그램의 배경이 될 곳을 미리 조사하여 우선순위를 만들고 이동 동선이 생긴다면 이를 고려하여 일정을 계획하는 것도 작가의 몫이다. 사전 답사 후 선정된 장소, 소품, 추가 인물 등에 대한 케어도 담당한다. 이로써 모든 기초 공사는 끝난다.

이후 골조를 올리고 벽체를 만들어 마감재 작업을 하는 것이 공사의 핵심인 것처럼 그 역할을 하는 프로그램의 구성안^{대본,} ^{큐시트}그 회차의 압축 내용과 연출 과정을 상세히 적어놓은 일정표를 만든다. 1차 구성안이 나오면 연출팀과 함께 수정 여부를 검토하고 완성본을 만든다. 촬영 당일까지 수정이 이뤄지기도 한다. 또 리얼리티 예능 프로그램의 경우 예상하지 못한 변수도 생긴다. 그래서 집을 짓다 사고가 나지 않게 점검하듯 카메라 밑에 앉아 출연진들과 사인을 주고받는 것도 놓치지 않는다. 촬영을 마치고 연출팀은 현장 영상을 백업하여 그 데이터를 바탕으로 1차 편집을 한다. 일명 가편집본이 나오면 함께 시사하고 작가들은 그때부터 내용의 이해도를 높이기 위해 자막을 쓴다. 자막을 공유하고 종합편집까지 마무리되었을 때 비로소 완공과 다름없다.

시청자들이 시청하는 과정이 입주가 아닐까. 깨끗하게 정돈된 집으로 시청자들이 밀려들어 온다. 이 과정에서도 프로그램이 더 알려질 수 있도록 방송 전, 후의 보도자료를 쓰는 일도 이루어진다. 어떤 사람은 방송 작가를 피디의 보조 혹은 글만 쓰는 사람 정도로 생각하지만 방송 작가의 손길이 닿는 부분은 꽤 많다. 여러 가지의 일을 완수해야 하는 맥가이버의 능력을 요구한다고 해도 과언이 아니다.

Q2
방송 작가는 하나의 프로그램만 구성하나요?

일반 직장인이라면 동종 업계에 이중으로 몸담을 수 없고, 계약위반으로 취급당하기도 한다. 반면, 불안정한 프리랜서의 삶을 사는 방송 작가이지만 연차가 쌓일수록 한 프로그램이 아닌 여러 프로그램을 동시에 담당할 수 있는 것이 최고의 특혜지 않을까 싶다.

하지만 모든 것은 때가 있다. 막내 작가와 서브 작가 시절에는 여러 프로그램을 병행하기 어려운 것이 현실이다. 한 프로그램에 속한 것만으로도 벅차게 일이 많다. 어느 정도 반열에 오른 서브 작가여도 메인 작가가 투잡을 허락하지 않은 경우에는 제안이 들어와도 하지 못하는 경우가 많다. 메인 작가가 되었을 때는 대부분 역할을 세분화하여 후배 작가들에게 포지션을 주고 해당 업무를 컨펌하는 역할이기에 자신의 시간을 활용할 여유가 생겨 여러 가지 프로그램을 동시에 하는 경우가 많다.

나의 경우에도 많을 때는 4~5개, 적을 때는 2~3개의 프로그램 제작에 참여하고 있다. 하지만 항상 일이 넘쳐나지 않는다. 수확하는 가을이 있다면 숨 고르는 겨울이 있듯 방송 일도 마찬가지다. 저축하듯 항상 방송 일에 대비해야 돈에 쫓겨 황당한 일까지 도맡게 되는 위험에서 멀어질 수 있다.

또한, 메인 작가라고 모두가 다양한 프로그램에서 러브콜을 받는 것은 아니다. 위로 올라갈수록 수많은 사람 중 내가 쓰여야 하는 이유를 세상에 항상 어필해야 한다. 그래서 대부분의 작가들은 연차가 올라갈수록 막내 때 혹은 갓 입봉 ^{방송 작가로서 처음 주체가 되어 자신의 프로그램을 맡게 됨을 뜻하는 은어} 했던 시절이 그립다고 한다. 그 당시는 시키는 일, 정해진 일만 해내면 되었지만 연차가 오를수록 그 책임이 막중해지기 때문이다.

한때 함께 일했던 선배는 코미디 프로그램을 오래 하기로 유명했는데 당시 그 분야가 이슈화되면서 관련 프로그램을 8개까지 맡는 것을 본 적이 있다. 이 세계에서 어떤 분야의 작가가 될 것인지 목표를 설정하고 움직이면 러브콜은 당연히 따라올 것이다. 단, 많은 프로그램을 담당하기에 앞서 이를 소화해 낼 정신력과 체력을 갖추는 것은 기본이다.

Q3
방송 작가의 활동영역은
어떻게 되나요?

콘텐츠 시장이 확대됨에 따라 제작현장에서 방송 작가의 역할이 더욱 중요해지고 있다. 작가는 방송이 완성되기까지 아이템 조사, 기획, 구성, 섭외, 촬영, 편집, 대본 작성, 자막 작업, 홍보 등 전 과정에 참여하고 있다.

드라마를 제외한 방송 프로그램의 활동영역은 크게 5가지로 나뉜다. 첫 번째는 '시사교양'이다. 사회적 사건을 다루는 것으로 뉴스 외에 다양한 장르가 구분된다. 사회적 문제, 생활 속 지혜, 건강, 연예 코너를 다루는 종합구성물로 MBC 아침방송 〈생방송 오늘 아침〉이 대표적인 예다. 또 대담, 토론, 강연과 같은 형식의 토크 프로그램이 있다. SBS 〈PD수첩〉, MBC 〈실화탐사대〉와 같은 탐사보도 프로그램과 MBC 〈서프라이즈〉와 같은 재연 프로그램, MBC 〈스페셜 다큐〉, EBS 〈걸어서 세계속으로〉와 같은 다큐멘터리 프로그램이 있다.

두 번째는 즐거움과 재미를 목적으로 다채로운 내용을 담은 '예능'이다. 스튜디오에서 이루어지는 MBC 〈쇼 음악중심〉 음악 프로그램, JTBC 〈아는 형님〉과 같은 버라이어티쇼가 있으며 콩트로 이루어진 tvN 〈코미디 빅리그〉와 같은 코미디 프로그램이 있다. 이 외에도 연예정보를 다루는 KBS2 〈연중라이브〉, MBC 〈거침없이 하이킥〉과 같은 시트콤이 있다.

세 번째는 '라디오 방송'으로 이 안에서도 장르가 나뉜다. 음악을 주제로 한 MBC 〈배철수의 음악캠프〉, KBS 〈정관용의 시사본부〉와 같은 보도 프로그램, SBS 〈아름다운 이 아침 김창완입니다〉와 같은 정보교양 프로그램이 있다.

네 번째는 '편성' 분야로 환경의 날 혹은 장애인의 날과 같은 특정 이슈를 다루는 캠페인 방송, KBS 〈TV비평 시청자데스크〉와 같은 옴브즈맨 프로그램이 있다.

다섯 번째는 '보도기획'이다. 뉴스가 시간적 제약으로 간결하고 명료하게 전달된다면 보도기획은 뉴스에서 다뤄진 보도를 더 깊게 다루어 구성한다. MBC 〈100분 토론〉과 같은 토론 프로그램이나 KBS 〈미디어 포커스〉와 같은 매체 비평 프로그램이 있다.

Q4
PD와 방송 작가의
차이점은 무엇인가요?

한 프로그램을 만드는데 수많은 제작인력이 참여한다. 제작현장에서 제작진, 제작기술진, 출연진이 공동체를 이루며 프로그램을 만들어 가는데 피디와 작가는 제작진에 속한다. 피디는 연출자director로 프로그램의 전반적인 영상, 음향 제작을 책임지며 촬영현장에서 출연자 및 스태프들을 지휘·감독하는 역할을 한다. 작가는 피디와 함께 큰 틀을 만들고 그 안에서 프로그램 기획, 구성, 섭외, 촬영구성안, 더빙구성안, 편집구성안, 녹화 내용의 프리뷰, 대본 작성 등의 업무를 한다. 조금 더 추상적으로 말하자면 피디는 눈으로 보이는 그림을 만들고 작가는 들리는 소리를 만들어 하나의 프로그램을 지휘한다는 표현도 걸맞다.

방송 작가를 구성 작가로
부르는 이유는 무엇인가요?

방송 작가라는 말은 익숙하지만 구성 작가라는 말은 일반인
들에게 생소할 것이다. 1980년대 이전, 방송 작가는 곧 방송
드라마 작가로 극작가의 역할이 주였다. 하지만 텔레비전 보
급이 대중화되고 여러 채널이 생겨나면서 다양한 프로그램이
자연스럽게 론칭되었다. 프로그램이 많아지다 보니 당연히
경쟁은 따랐다. 그러면서 생겨난 것이 구성 작가이다. 프로그
램의 기획, 구성, 섭외 등을 담당하며 이제는 방송 제작에 있
어서 필수 인력이 되었다.

구성 작가의 사전적 의미는 '드라마를 제외한 텔레비전, 라
디오, 인터넷 등의 프로그램 진행을 위해 대본을 쓰는 사람'
이다. 구성 작가는 대부분 허구를 다루거나 또 하나의 세계
를 만드는 드라마와 작가와는 다르다. 하나의 방송이 탄생하
는 데 있어서 처음부터 시작 그 안에 들어갈 사소한 자료까지
도 직접 모아 형태를 완성한다. 몇 가지 정보와 요소들을 모
아 전체를 이뤄나가는 작업을 하기 때문에 방송 작가를 곧 구
성 작가라고 부르곤 한다.

Q6
사전 답사, 사전 취재도
방송 작가의 일인가요?

사전 답사와 사전 취재는 방송 작가에게 꼭 필요한 업무이
다. 사전 답사 시, 연출자와 피디가 동행하는 경우도 많고 때
에 따라서는 작가들만 움직이며 현장 상황을 페이퍼로 정리
한 후에 회의에서 공유하는 경우도 있다. 사전 답사는 선정한
아이템이 정말 적합한지에 대해 1차 검증을 하는 부분이기도
하고 아이템을 구체화하는 작업이기도 하다. 전화를 통해 기
본 취재를 하고 직접 가서 장소를 살펴보거나 인물을 인터뷰
한다. 모든 것에 의문이 없도록 철저하게 조사하고 정리하는
것이 중요하다. 노트북 앞에서 수없는 나날을 보내며 쌓아온
조사만큼 대본을 쓸 때 유용한 정보는 없기 때문이다.

이 외에도 사전 취재는 출연진을 파악하고 출연진에게 프로
그램에 대한 '완전한 첫인상'을 남기는 중요한 과정이다. 이
과정에서 제작진이 하고자 하는 말을 잘 전달하고, 그 말을
이 배우가 어떻게 풀어낼 수 있을지 파악하는 것이 곧 작가의
능력이다. 이때 작가와 출연진의 커뮤니케이션만 잘 되어도
촬영을 진행하는 데 있어서 힘을 발휘한다.

방송 작가의 조건

매번 새로운 사람과 환경을 마치 어제 만난 친구처럼 혹은 내 집처럼 편안하게 느껴야만 이 세계에서 겉돌지 않는다. 활달하고 말이 많은 사람이 방송 작가에 적격이냐고 물으면 그것도 쉽게 대답이 나오질 않는다. 개인적인 생각이지만 내가 이 직업을 사랑하는 이유는 성실함, 타인에 대한 애정, 책임감만 있다면 누구든 이 직업의 옷을 입을 수 있다는 것이다. 작가를 꿈꾸는 학생들을 만나 이야기를 나눌 때면 자신이 잘 적응하고 오래 버틸 수 있을지 걱정한다. 하지만 자세히 들여다보면 지금까지 만난 학생 중 그 누구도 작가가 되지 못할 이유는 없었다. 모두에게 장점이 존재했다. 그렇게 소통해오며 실제로 훗날 함께 일하게 된 후배를 바라보자면 감사한 마음이 차오른다.

과거 나는 유년 시절부터 친구들에게 별명 지어주는 것을 좋아했다. 새 학년으로 올라갈 때마다 새롭게 만나는 친구들을 관찰하는 게 너무 재밌었다. 잘 맞는 옷을 골라주듯 별명을 짓곤 했는데 20년이 지난 지금도 친구들을 별명으로 부른다. 괴짜 같다고 한 사람들도 있었지만 이 습관이 방송 작가로서 큰 강점이 되었다. 출연진의 캐릭터를 설정하거나 누군가의 장점을 찾아내는 일이 힘들지 않고 오히려 재미있게 느껴졌다. 상대방에게도 이런 모습이 관심으로 느껴져 섭외에 큰 어려움도 없었던 것 같다.

한번은 작가 지망생이 걱정을 꼽으며 자신의 성격을 탓했다. "저는 느리고 사람을 사귀는데 오래 걸려요." 항상 빠르게 잘 적응하고 일명 센스있는 사람을 요구하는 작가의 세계에서 본인은 어울리지 않는다고 생각한 것 같다. 하지만 그 친구의 느리지만 꼼꼼한 성격은 모두가 놓치는 것을 찾아줄 수 있다. 섭외, 구성에 있어서도 객관적인 마음가짐이 중요한데 사람을 오래 들여다보는 성격은 일에 더 도움이 된다.

또 어떤 친구들은 "저는 스포츠만 좋아해요. 사실 다른 건 재미없어요.", "먹방 보는 게 취미에요. 유튜브 작가가 되는 게 나을까요?" 등 자신의 확고한 취향을 두고 고민하는 경우도 있다. 막연하게 방송 작가를 꿈꾸는 것보다 자신이 무엇을 좋아하고 선호하는지 알고 있는 사람이 더 베네핏이 많다고 생각한다. 스포츠를 좋아하는 사람은 스포츠국에서 보도, 기획 코너 혹은 스포츠 예능 등 나아갈 길이 많다. 단순 먹방 콘텐츠만 보지만 방송으로 연결되면 요리를 주제로 한 다양한 프로그램으로 진출할 수 있다. 먹방을 보며 얻은 다양한 레시피, 인기 있는 메뉴들을 머릿속에 섭렵하고 있으니 그것은 곧 반짝이는 아이디어가 될 것이다.

자격증, 학력을 절대적으로 요구하는 세계가 아니기 때문에 완벽한 조건은 없다. 혹 그 조건이 존재한다고 하더라도 그건 개인의 생각일 것이다. 다음 페이지를 여는 순간부터 자신이 가진 최고의 장점을 탐험하며 읽어나가길 바란다.

방송 작가에게 꼭
필요한 것은 무엇인가요?

과거에 이 질문을 받았다면 어떤 풍파에도 타격감 없는 단단함을 내면에 탑재해야 한다고 말했을 것이다. 이 세계에서 오래 버티기 위해서는 나쁜 소리는 한 귀로 흘리고 묵묵히 버텨야만 했다. 또 피디와 논쟁을 즐기기보다 그의 비위를 맞추는 게 곧 팀의 평화라고 여기고 고집을 버릴 줄도 알아야 했다.

하지만 현재는 달라진 듯하다. 피디, 제작사, 채널이 주장하는 말에 수긍하며 대본을 뜯어고치고 정해진 프로그램에 불려가 노트북을 펼치던 때와는 조금 달라지고 있다. 여전히 작가가 방송 기획을 해도 피디와 채널사, 연예인들에게 스포트라이트가 주어지고 있지만, 이 같은 문제 현실에서 벗어나기 위해 OTT 플랫폼을 활용하는 경우가 늘고 있기 때문이다. 이 플랫폼에서는 연차, 이력보다는 공모한 작품에만 포커스를 맞춰 제작 판단을 내린다. 한 가지 예로 드라마에서 메인으로 입봉하지 못한 작가이지만 OTT 플랫폼에서 작업이 가능했고 연차에 따라 돈 단위를 결정하는 기존의 형태에서 완전히 달라져 작가들 사이에서 화제를 모은 바 있다.

결국, 도전 정신이 중요하다. OTT 플랫폼은 누구에게나 기회를 열어주고 있어 그동안 자리한 방송 산업에 패러다임을 바꾸고 있다. 있는 그대로 자신의 능력을 과시할 수 있고 이를 통해 인정받는다면 그 작품에 굵직하게 자신의 이름도 남길 수 있게 된 것이다. 방송가에 입문할 때 필수 전공, 필수 자격증이 요구되지 않듯 이곳에 정답은 없다. 자신의 주관을 확고하게 하고 도전하는 것에 두려움이 없는 자세가 현재를 살아가는 방송 작가에게 꼭 필요한 게 아닐까 싶다.

방송 작가가 되는데
꼭 맞는 성향이 있나요?

이 질문에 어울리는 인물로 방송인 유재석 선배를 들고 싶다. 국민 MC 타이틀에 맞게 그의 곁에 선 출연자는 어떤 분야의 사람이든 솔직하게 자신의 이야기를 술술 꺼내놓는다. 자신의 성격이 내향적이라고 하지만 그는 사람을 좋아하는 사람임은 분명하다. 사람에 대한 호기심이 많아 출연자와 관련된 모든 정보에 대해 눈과 귀를 열어 놓는다. 그는 아이템이 선정되고 출연자가 섭외되면 대본 외에도 자신이 직접 정보를 검색하며 그 인물에 대해 탐구하는 것으로 알려져 있다. 그 정성이 상대에게도 닿아 감동으로 이어져 출연자들이 자연스럽게 이야기를 풀어내는 것 같다. 이런 관심과 호기심은 작가에게도 꼭 필요한 무기 중 하나다. 결국 우리는 사람의 이야기를 끄집어내고 가공하는 역할을 하기 때문이다. 내가 얼마나 준비했느냐에 따라 그 아이템의 이야기도 풍성해지기 마련이다.

또한, 그는 예능인 중 일찍이 OTT 플랫폼으로 활동을 확장한 선발주자로 불린다. 넷플릭스 한국 최초 오리지널 시리즈인 〈범인은 바로 너!〉는 아시아 넷플릭스 순위 톱10에 드는 성과를 거뒀다. 또 오랜 예능 프로그램에서 벗어나 〈놀면 뭐

하니?〉를 통해 여러 새로운 캐릭터를 설정해 활약하는 부캐 열풍을 일으켜 트로트 가수, 연예기획자, 셰프 등으로 변신했다. 이 면모만 보아도 그는 도전에 두려움이 없어 보인다. 지금까지 그의 활동 이력을 보면 위기론이 등장할 때마다 새롭게 방향을 틀어 또 다른 도전을 펼쳐갔다. 그리고 그 도전은 늘 통했다. 급진적으로 변화하는 예능계에서 자신의 색깔과 취향을 바꾸며 도전하는 모습은 이 시대의 예능인이라는 말이 당연하게 느껴진다. 이처럼 이 콘텐츠 세계를 함께 나누는 작가 역시도 변화에 두려움을 가져서는 안 된다. 출연진들이 다양한 도전을 하는 데 있어서 그 시작과 배경을 만들어 주는 것 역시 작가의 역할이다. 도전을 즐기고 거부감이 없는 적극적인 태도를 가졌다면 분명 롱런할 수 있을 것이다.

방송 작가에 어울리겠다 싶은
사람이 있나요?

학창 시절, 해마다 새 학년에 올라 새 친구를 만날 때 설렘이
컸다. 그리고 새로운 사람을 알아가고 그 사람의 장점을 찾아
별명을 짓는 것이 너무 재밌었다. 타인은 느끼지 못한 한 사
람의 장점, 특징을 찾아가는 것이 꽤 큰 만족감을 주었다. 그
런데 이 예상치 못한 습관은 내가 방송 작가로 먹고사는 데
유용하게 쓰이고 있다. 한 아이템이 정해지면 그에 맞는 출
연자 목록을 만드는데, 이 과정이 새 친구를 사귀듯 호기심을
자극하여 재미있게 느껴진다. 또 출연자들을 모두 섭외한 후
사전 인터뷰, 촬영 과정에서 그 사람의 특징을 찾아내는 것이
익숙해서 구성할 때 수월한 경우가 많다.

이런 이유로 직업 특강을 갈 경우 방송 작가를 꿈꾸는 미래
후배들에게 항상 강조한다. 나와 가장 친한 친구들의 장점을
하나씩 찾고 그 친구에게 가장 어울리는 별명이자 캐릭터를
설정해보라고 말이다. 이는 생산적인 콘텐츠를 만드는 것에
대한 기본적인 습관을 갖출 수 있도록 도와준다. 또 하나의
프로그램을 하더라도 고정된 출연진 외 매회 게스트는 바뀌
기 마련이다. 작가는 모든 출연자를 발굴하고 이후 소통하는
중요한 중간 역할을 한다. 새로운 사람을 사귀는 것에 거침없

고 자신을 소개하는 것에 두려움이 없는 사람이라면 방송 작
가가 되었을 때 큰 어려움 없이 이 세계에 적응할 수 있을 것
이다.

방송 작가라면
글을 꼭 잘 써야 하나요?

방송에 입문해 막내 작가로 살아가면서 놀란 것이 명색이 작가인데 생각보다 많은 글을 쓰지 않는 것이었다. 대본을 살펴봐도 드라마, 순수문학과 같이 복합적인 구성, 캐릭터 설정, 복선을 담은 것보다 간결했다. 선배 작가들은 "방송 작가는 글이 아닌 말을 쓰는 사람이야"라고 말하곤 했는데, 그 시절에는 그 말을 도통 해석하기 어려웠지만 입봉하게 된 순간부터 깨달았다. 작가들이 쓰는 글은 제작진이 눈으로 읽으며 최종적으로 출연자들의 입으로 나간다. 결국, 글이 곧 말이 되고 말이 곧 글이 된다는 것이었다.

그렇다고 글을 꼭 잘 쓸 필요 없다고 생각하면 오산이다. 내가 쓴 글을 연출진과 출연자는 그림으로 만든다. 강한 필력을 가져야지만 말하려는 자도 내 의도를 정확히 읽을 수 있다. 그렇기 때문에 많이 읽고 많이 쓰는 것에 대해 두려움이 없는 자가 대본 앞에서도 핵심 내용을 잘 전달하는 방송 작가로서 능력을 발휘할 수 있을 것이다.

Q5
방송 작가와 가장 잘 맞는
MBTI 유형이 있나요?

오늘날 자기소개할 때 꼭 따라붙는 것이 MBTI 유형이다. 외향E · 내향I, 감각S · 직관N, 사고T · 감정F, 판단J · 인식P 등 지표에 따라 16개 유형으로 성격을 분류해 알파벳 4개의 조합으로 표현한 것이다. 이를 두고 과도한 일반화에 대한 두려움을 표시하는 경우도 있지만 개인적으로는 나 자신을 알고 타인을 이해하는 좋은 척도가 되어주어 반갑다. 작가에게 꼭 걸맞은 MBTI 유형을 정의 내릴 순 없지만 주변 작가들을 살펴봤을 때 과반수를 차지하는 MBTI 유형은 다음과 같다. 이세 유형의 공통점은 '외교관형'으로 분리되며 외향적인 성격을 가진 것은 분명해 보인다.

1. INFP 유형(중재자 유형)
상냥한 성격의 이타주의자로 건강하고 밝은 사회 건설에 앞장서는 낭만형. 이 유형은 언뜻 보기에 조용하고 자신을 내세우지 않는 것처럼 보이지만, 사실은 에너지와 열정이 넘치는 성격이다. 이들은 창의적이고 상상력이 뛰어나며 몽상을 즐기는 성격으로, 머릿속에서 수많은 이야기를 만들어내곤 한다. 또한, 음악과 예술과 자연에 대한 감수성이 뛰어나며 다른 사람의 감정을 빠르게 알아차린다. 이상주의적이고 공감 능력이 높으며, 깊고 의미 있는 관계를 원하고 다른 사람을 도와야 한다는 사명감을 느끼곤 한다.

2. ENFJ 유형(선도자 유형)

넘치는 카리스마와 영향력으로 청중을 압도하는 리더형. 이 유형은 삶에서 위대한 사명을 위해 힘써야 한다고 생각한다. 사려 깊고 이상주의적 성향을 지녔기에 주변 사람에게 긍정적인 영향력을 발휘하기 위해 최선을 다하며, 어려운 상황에서도 올바른 일을 할 기회를 마다하지 않는다. 타고난 지도자라고 할 수 있으며 이들의 열정과 카리스마는 직업뿐만 아니라 인간관계 등 삶의 다양한 측면에서 다른 사람에게 영향을 주곤 한다. 또한 이들은 친구와 사랑하는 사람이 발전할 수 있도록 돕는 일에서 즐거움과 깊은 만족감을 느낀다.

3. ENFP 유형(활동가 유형)

창의적이며 항상 웃음거리를 찾아다니는 활발한 성격으로 사람들과 자유롭게 어울리기를 좋아하는 넘치는 열정의 소유자. 이 유형은 진정으로 자유로운 영혼이라고 할 수 있으며 외향적이고 솔직하며 개방적인 성격을 지녔다. 이들은 활기차고 낙관적인 태도로 삶을 대하며 다른 사람들 사이에서 돋보이곤 한다. 그러나 신나는 삶을 사는 것처럼 보인다고 해서 즐거움만을 좇는 성격은 아니며, 다른 사람과 감정적으로 깊고 의미 있는 관계를 맺는 일을 추구한다.

3   방송 작가를 둘러싼 소문

인기 있는 프로그램이 주목받을 때 가장 스포트라이트를 받는 이는 단연 출연자다. 그리고 그다음이 제작자의 대표인 연출 피디이다. 스타 피디는 많지만 스타 작가는 찾기 힘든 것도 현실이다. 그래서 일반인 대부분은 방송 작가를 피디의 어시스트 역할, 연예인들 대본의 보조 역할로 치부하는 경우가 많다. 생각보다 작가들의 역할은 곳곳에 뿌리를 내리고 있다. 그렇기에 누군가의 그림자가 되어 살기보다는 언제 어디서나 자신을 어필할 준비를 하고 있어야 한다.

나의 과거를 돌아보면 피디 혹은 선배 작가가 불러줘야만 일을 할 수 있다는 생각에서 벗어나고자 부단히 노력했다. 그래서 나 스스로를 바로잡고자 했을 때 가장 먼저 명함부터 만들었다. 이름, 하는 일, 전화번호, 메일주소가 적힌 이 작은 종이의 힘은 대단하다. 처음 만나는 상대에게 나를 증명하는 하나의 역할을 한다. 나는 활동하는 방향이 바뀔 때마다 명함을 새로 만들고 있다. 요즘은 친환경, 뷰티, 비건 분야의 콘텐츠를 만들고 목소리를 내는 사람으로 살아가면서 친환경 재생 용지로 명함을 선택하고 그 안에 채소 그림을 넣었다. 그림이 주는 이미지, '콘텐츠 기획자 겸 방송 작가 강이슬'이라는 글자가 내가 무엇을 하는 사람인지 상대에게 금방 각인시켜준다.

오래 같이 일한 막내 작가들에게는 헤어질 때 꼭 명함을 만들어 주고 있다. 연차와 상관없이 누구를 만나든 일로 만난 사람에게는 자신의 존재를 알려야 한다. 그리고 상대방에게 받은 명함은 꼭 앱을 통해 저장하거나 명함에 만난 날짜, 간단한 미팅 내용을 적어두어 그를 기억할 수 있게 보관해야 한다. 작가에게는 인맥이 곧 값어치를 매길 수 없을 만큼 큰 재산이다. 방송 작가가 보조로 살아간다는 생각을 이제는 버려도 좋다. 이 책을 읽어나가며 분명 작가의 존재감에 대한 생각이 굵직하게 변할 것이다.

Q1
모든 방송에 작가가
꼭 존재하나요?

1980년대 이전, 방송국이 많지 않아 연출자가 직접 기획, 섭외, 구성을 도맡던 시절이 있었지만 1980년대 말부터는 방송작가 없는 프로그램은 살펴보기 힘들다. 정해진 시간 안에 완성도 있는 프로그램을 제작하기 위해선 연출자와 작가가 팀을 이뤄 함께해야 가능한 것이 현실이다. 또 작가가 필요한 절대적 이유는 창의적이고 풍성한 내용을 뽑아내는 역할을 담당하고 있기 때문이다.

최근 국내에는 지구촌 스포츠인 축구 열풍으로 뜨겁다. 작은 공 하나에 선수들은 의기투합하고 보는 이들은 긴장감을 느끼며 선수들과 함께 성장기를 채워간다. 보통 축구는 남성들의 기운이 강했지만 지금은 여성도 즐기는 스포츠가 되었다. 이 뜨거운 아이템을 두고 방송가에서는 너도나도 프로그램을 뽑아내기 바쁘다. 어떤 작가와 연출자를 만나느냐에 따라 축구도 다르게 해석하여 프로그램화된다. SBS는 공에 대한 두려움, 공을 잘 다루지 못하는 여성들이 모여 하나의 팀을 이루는 〈골 때리는 그녀들〉을 론칭했다. 명절 특집 파일럿 프로그램으로 시작해 이제는 정규편성되어 수요 예능의 톱 자리를 유지하고 있다. tvN은 중년이 된 2002년 월드컵 영웅들이 20대 군인들과 몸을 부딪치며 그라운드를 누비는 〈군대스리가〉를 론칭하며 다시 만난 원톱들의 땀방울을 웃음과 감동으로 전하고 있다. JTBC는 시즌제를 통해 자기 분야에서 성공자리에 오른 스포츠 1인자들을 모아 조기 축구계의 전설로 만드는 〈뭉쳐야 찬다〉를 론칭하며 효자 프로그램으로 자리매김하는 중이다.

이 외에도 축구를 다룬 프로그램은 끊임없이 나오고 있다. 축구라는 하나의 아이템에 이야기를 이끌어갈 캐릭터를 설정해 그에 맞는 인물을 섭외하고, 게임에 있어서도 장치를 만들어 구성하는 것이 곧 작가의 역할이다. 김치찌개를 끓일 때 똑같은 맛의 김치를 두고도 셰프 정호영과 백종원이 만들어내는 맛과 레시피가 다르듯이 프로그램의 감초 레시피를 만들어내는 것이 곧 작가의 역량이다. 프로그램의 맛을 결정하는 사람이 작가라고 할 수 있는데, 그래서 모든 방송에 작가가 꼭 존재한다.

Q2
예능 프로그램은
대본이 없는 경우도 있나요?

대본이 없는 프로그램은 없다. 세세한 상황, 뚜렷한 멘트가 적힌 대본은 없어도 작가들의 가이드는 어떤 형태로든 페이퍼로 존재한다. 특히 야외촬영에서는 큐시트의 역할이 중요하다. 대부분 방송 촬영은 연출자가 컨트롤하여 담당하지만 이 과정에서 어떤 것을 담아내야 하는지의 메시지는 사전에 작가와 연출자가 합의해서 정한다. 이때 사전에 개념을 잘 잡고 가야 프로그램의 방향성이 흔들리지 않고 온전한 결과물을 낼 수 있기 때문에 큐시트는 필수이다.

현장 스태프들의 경우 대본보다 큐시트 하나로 그날의 촬영을 이해하는 경우도 많다. 남들이 보기에 한 장짜리 페이퍼이지만 이 안에 프로그램에 대한 모든 수신호를 담아야 한다. 먼저 장소, 촬영 시간, 출연자 목록은 기본으로 하며 촬영 아이템에 대해 취재한 내용을 적어 촬영분에 대한 정보를 전한다. 또한 그 아이템을 어떻게 촬영할 것이며, 때에 따라서 어떤 소품과 장치가 필요한지 전달해 촬영의 방향을 잡아준다. 촬영이 늘 계획대로 되는 것이 아니기 때문에 섭외된 장소, 연락처, 현지 상황, 그리고 현장에서 이슈 발생 시 대처할 수 있는 다른 방법들까지 표기하면 좋다. 프로그램에 꼭 필요한

40

멘트, 장면, 인터뷰 질문들을 강조하여 촬영자들이 놓치지 않게끔 하는 것도 중요하다.

길고 세세한 통대본보다 간결한 큐시트가 쉽다는 생각은 접어두자. 개인적으로 가장 이해하기 쉽게 표현하여 한 장에 담아내는 큐시트 작업 또한 작가로서 필력을 발휘하는 강렬한 과정이라고 생각한다.

편성이 중요하다던데
이유가 무엇인가요?

아무리 좋은 기획안, 심지어 촬영이 끝난 프로그램이더라도 편성을 받지 못하면 방영이 불가하다. 그래서 기획 단계부터 편성을 고려해야 한다. 방송제작은 자체제작, 외주제작으로 나뉜다. 요즘은 대부분 외주제작이 주를 이루고 있다. 외주제작 시점에서 말하자면, 기획의 첫 단추서부터 제작될 프로그램과 가장 잘 어울리는 채널을 파악한다. 이때 채널의 주시청층을 분석하고 채널 파워가 있는지 함께 살펴본다. 채널 선정이 곧 성공 여부를 결정한다고 해도 과언이 아니다. 코미디 프로그램을 EBS에서 편성하지 않을뿐더러, 그들에게 제안할 수 없지 않은가.

가장 잘 맞는 채널이 확보되면 해당 채널사에 프로그램 기획안 검토를 요청한다. 이때 채널사에서는 합리적 지출 배분, 연간 매출액, 광고비, 내부 구성원 인력에 대한 정보를 파악하고 편성을 검토한다. 자사 채널과 핏이 잘 맞는 프로그램으로 선정되었을 때 비로소 계약을 진행한다. 경쟁력 있는 요일, 시간, 프로그램 주시청층을 분석하고 개편의 기본 방향을 결정한다. 편성 시간을 확보하는 것에 있어서도 시간대별 타채널 시청률 조사, 요일별 시청자들의 욕구와 취향, 계절 환경에 영향을 받는 성격의 프로그램인지 등에 대해 검토한다. 이로써 프로그램 방영시간, 광고시간대 등 전체적인 조절이 이루어진다. 편성이 확정된 후에는 방송 운행 담당자가 선정되어 MD Master Directer, 주조종실 송출책임자가 방송 개시부터 종료까지 방송 운행을 지휘 통제하게 된다.

편성팀의 역할은 프로그램의 존폐 여부에 영향을 끼치기도 한다. 방영 후 시청자, 판매시장의 피드백과 함께 시청률을 바탕으로 프로그램을 재편성하거나 유지할지 결정하기 때문이다. 편성의 역할이 인기 여부를 결정하기도 하는데, 한 예로 MBC플러스 아이돌 콘텐츠인 〈쇼챔피언〉과 〈주간 아이돌〉은 2021년 중순부터 오래 유지해오던 편성시간을 전체 바꿨다. MBC플러스의 자사 채널 MBC M, MBC every1에서 동시 생방송 되는 것은 물론 밤 8시, 밤 12시에 추가 편성하였다. 이유는 아이돌 팬층 연령대가 10대에만 그치는 것이 아닌 20~40대까지 다양해지면서 시청자들의 라이프스타일인 퇴근 후 혹은 잠들기 전으로 시청패턴이 고정적이기 때문에 이를 고려해 조절하였다고 밝힌 바 있다. 이 전략은 시청자의 유입률을 더 높인 사례로 꼽는다.

외주제작사보다 방송국이
업무 환경이 더 좋나요?

일반적으로 방송 작가가 일하는 일터로 방송국을 가리키며 '저곳에서 일하겠구나' 하고 생각하는 경우가 많다. 하지만 방송국에서 일하지 않는 작가와 피디가 더 많다. 과거 지상파 3사 방송국만 존재하던 시절에는 외주제작을 하지 않아도 될 만큼 충분했다. 하지만 2000년대에 접어들며 지상파 3사 외에 종편사, 셀 수 없는 온라인 플랫폼, 수백 개의 케이블 채널이 등장하며 손이 부족해졌다. 또 방송국은 외주제작사에 맡겼을 때 제작비 절감이 가능하기 때문에 직접 제작하는 것보다는 외주를 선호하게 된 환경도 만연해졌다.

외주제작사는 외부에서 프로그램을 따로 제작하여 방송국에 납품하는 형태이다. 방송사의 옷을 빌려 입는다고 해서 그들의 힘이 부족한 것은 아니다. 여느 방송사 못지않게 여러 자회사들을 거느리고 엔터테인먼트 사업까지 넓혀가며 몸짓이 제법 큰 회사도 많이 존재한다. 흔히 방송국을 본사라고 말하는데 본사에 속하면 소품실, 구내식당, 휴게실, 건물 내 스튜디오 등을 갖추어 몸이 편하다. 또 본사에서 프로그램을 직접 관리하다 보니 의사결정이 빠르다. 작가료 같은 경우에도 방송사마다 기준이 정해져 있어 쉽사리 올리긴 어렵지만 임금

체불 같은 불상사가 일어나는 경우가 거의 없다. 하지만 방송 환경은 외주제작이 당연한 일터가 되고 있음을 구인구직란에서 볼 수 있다.

외주제작사 복지의 경우 고용주의 성격에 따라 천차만별이다. 제작진들의 낮과 밤이 바뀐 환경을 이해해 불편함을 덜어주는 곳도 존재하지만, 식비 지원이 없거나 여럿이 한 테이블에 겨우 모여 앉아 일하는 것도 황송해야 하는 경우도 있다. 프로그램 제작이 진행되는 과정에서도 '갑'의 위치에 있는 채널사의 의견을 존중해야 하기 때문에 다 된 밥상이 엎어지는 일도 흔히 볼 수 있는 풍경이다. 물론 나쁜 것만 존재하진 않는다. 이 바닥은 누구와 일하고 누굴 만나느냐에 따라 좋은 곳, 나쁜 곳이 결정된다. 그 예로 '본사도 본사 나름'이란 말까지 떠돈다. 제작진의 노동에 대해 가치 있게 생각하는 외주제작사는 표준근로계약서를 쓰고, 끊임없이 일을 진행해나가는 제작사의 경우 한 방송사에 얽매여 있지 않고 다양한 프로그램과 채널을 경험해보는 기회도 있다.

Q5
방송 작가라면
안경 쓴 편안한 차림이 필수인가요?

일반 사무직과 다르게 방송 작가의 삶은 업무시간이 따로 정해져 있지 않다. 낮과 밤이 바뀌는 경우도 많고 시간대와 상관없이 걸려오는 전화에 항상 휴대폰을 곁에 두고 산다. 출근은 늦더라도 퇴근이 없는 날도 존재한다. 내 생에 처음 일출을 맞이했던 때도 사무실에서 밤샘 자막 작업을 하던 중이었다.

이런 환경 탓일까 자연스럽게 편안한 옷차림이 익숙하다. 캐주얼한 분위기 때문에 의상 에티튜드가 따로 존재하진 않는다. 하지만 촌스러운 트레이닝복, 안 감은 머리, 화장기 없는 얼굴, 투박한 안경이 방송 작가 이미지로 떠오르는 것은 아쉬운 대목이다. 사실 방송 작가는 현시대에 가장 핫한 것을 다루고 트렌드를 재가공하는 일을 한다. 이렇게 세상에 민감한 사람이 트렌드를 멀리할 순 없다. 실제로 많은 유행을 체감하면서 자기 자신을 꾸미는 것에 능숙하고 옷을 잘 갖춰 입는 방송 작가도 많다.

Q6
막내 작가는 무조건
나이가 어려야 하나요?

'막내'라는 말 때문에 무조건 어려야만 한다는 선입견이 있는 것 같다. 나이와 상관없이 방송계에 몸담을 수 있다. 다만, 팀의 성향에 따라 다르다고 말하고 싶다.

나는 만 스무 살에 비교적 빨리 방송계에 발을 디뎠다. 어려서 좋은 것은 선배들과 나이 차가 있어 업무를 부여받고 섞여 지내는 것에 대해 누구도 불편한 사람은 없었다. 하지만 점점 시간이 흘러 4~5년 차쯤 되었을 때, 후배 작가를 뽑을 때마다 나의 나이가 걸림돌이었다. 막내 작가로 지원한 작가들이 동 갑이거나 나이가 많아 서로가 불편해지는 상황이 종종 있었기 때문이다.

나이가 곧 서열이 되는 한국 사회의 잔재로 인한 분위기였다고 본다. 한편으로는 방송 작가팀은 수직적인 구조막내 작가-서브 작가-메인 작가이기에 나이를 고려하지 않을 수 없다. 하지만 팀의 리더가 프로그램만 잘 돌아가면 된다고 생각해 의미를 두지 않는다면 나이는 크게 상관없다. 나 역시 나이보다는 서로의 성향을 더 고려해 작가팀을 꾸리고 있다.

47

방송 작가의 권리를 위한
단체가 있나요?

방송 작가의 권리를 위해 설립된 대표적인 두 단체가 있다.

1. 한국방송작가협회

1957년 12월 친목 단체로 출발해 1988년 4월 사단법인 한국
방송작가협회가 설립되었다. 저작권신탁관리 업무를 허가받
아 방송 작가의 저작권 보호와 권익에 앞장서고 있다. 드라마
부문, 비드라마라디오, 다큐멘터리, 예능 등 부문, 외화번역 부문 등에
서 3년 이상 집필활동을 한 경우 입회가 가능하며 다양한 복
지 혜택, 방송가 내 네트워킹, 재방송료 등을 지원한다. 또한
입회자가 아니더라도 기본 정보들을 제공하며 구성 작가들의
표준근로계약서도 공개해 건강한 노동환경을 만드는 데 힘쓰
고 있다.

2. 방송작가유니온

방송작가유니온전국언론노동조합 방송작가지부은 방송 작가의 노동권
보장과 처우개선을 위해 2017년 11월 11일 출범하였다. 장
르, 연차, 지역에 상관없이 누구나 가입할 수 있는 노동조합
으로 방송 작가로서 권리를 찾기 위한 행보를 이어가고 있다.
고용안정을 위한 각종 캠페인, 임금체불 및 계약위반 등 각종

위법사례에 대한 법률상담 지원, 노동법 아카데미 개최 등 현실적인 솔루션을 제공한다. 힘없는 개인이 아닌 방송 작가들의 노조 역할을 하고 있어 실제 처우개선에 많은 영향을 끼쳤다.

방송 작가의
필수 아이템

노트북, 노트북 쿨러, 높이조절 받침대

방송 작가는 엉덩이 붙이고 앉아 노트북을 펴고 일할 수 있는 공간이라면 그곳이 곧 일터이다. 자료조사, 구성안 기획, 큐시트 작성, 구성원들과의 소통은 모두 노트북을 통해 이루어진다. 방송 작가의 업무 환경은 보통의 사무직처럼 자신의 자리가 마련되어 있지 않은 경우가 허다하다. 크고 긴 테이블 위에 각자 자리를 잡고 앉아 일하는 경우도 많다. 한 프로그램이 진행되는 몇 개월의 유효기간을 가진 노동자들이기에 자리를 주는 것 자체가 제작사에서는 비용이자 부담이기 때문이다.

사무실을 벗어나서도 일은 끝나지 않는다. 긴급하게 수정사항이나 추가 업무가 생기면 언제든지 노트북을 펼쳐 업무를 봐야 한다. 항상 지니고 다녀야 하기 때문에 작은 것을 선호하는 경우도 있지만, 경험자로서 충고하고 싶은 것은 '13인치 이상을 살 겟'이다. 작은 화면 안에 갇혀 혹사당하는 시력을 보호하기 위해서는 노트북의 크기는 키우길 권유한다.

또, 노트북 쿨러 혹은 높이조절 받침대는 필수다. 어느 날은 24시간이 모자랄 정도로 일하는 경우도 있다. 장시간 사용한 노트북은 공간을 뜨겁게 달굴 정도로 열을 낸다. 오랫동안 공들인 업무 파일을 날리고 싶지 않다면 쿨러는 필수이며, 높이조절 받침대는 목디스크와 어깨 결림을 예방하기 위한 차선책이다.

한글과컴퓨터 프로그램

방송가가 가장 사랑하는 PC 프로그램은 단연 '한글과컴퓨터'다. 모든 작업은 이 프로그램으로부터 시작된다. 방송에 막 입문한 사람이거나, 방송사와 처음 일하는 브랜드사에서는 이 프로그램이 익숙하지 않을 수 있다. 그래서 간혹 한글과컴퓨터 프로그램으로 작업물을 주고받을 때면 "대학 시절 리포트 과제 이후로 한글과컴퓨터 파일을 열어본 적이 없어요"와 같은 말을 한다. 하지만 우리에게는 너무 당연하고 편안한 프로그램이기 때문에 기초적인 한글과컴퓨터의 단축키들을 외워놓는다면 큰 힘이 될 것이다.

- 기본적인 한글과컴퓨터 단축기
  - Alt+S / Ctrl+S: 저장
  - Ctrl+F10: 특수문자
  - Home: 줄 처음으로 이동
  - End: 줄 끝으로 이동
  - Ctrl+Home: 화면 처음으로 이동
  - Ctrl+End: 화면 끝으로 이동
  - Page up: 한 화면 앞으로 이동
  - Page Down: 한 화면 뒤로 이동
  - Alt+V: 다른 이름으로 저장
  - Alt+P / Ctrl+P: 인쇄
  - Ctrl+Z : 되돌리기
  - Ctrl+Shift+Z: 다시 실행
  - Alt+C: 모양 복사
  - Ctrl+B: 진하게
  - Ctrl+H: 기울이기

I am a broadcasting writer

Part 2 방송 작가 진로 가이드

1 방송 작가가
되기 위한 준비

사실 준비에 공식적인 형식과 규율이 없다. 또 요구되는 학력, 자격증, 언어 능력 테스트도 존재하지 않는다. 사람과 사람이 만나는 일이고 나라는 사람이 절대적으로 쓰인다.

방송 작가에 대한 책을 쓰기로 한 나는 이 직업을 잘 전달해야 한다는 사명감이 컸다. 그래서 교훈적이고 멋진 말을 나열해야 한다는 부담감이 들었지만 결과적으로 체면과 상관없이 가장 현실적인 이야기를 하기로 했다.

작가가 되고 지인들은 작가는 무슨 일을 하느냐는 질문을 가장 많이 했다. 주변에 방송 작가로 일하는 사람이 내가 유일했기 때문에 그만큼 호기심이 집중됐다. 겉으로는 열심히 기름을 칠해 좋은 말을 흘려보냈지만 속으로는 한 가지 생각뿐이었다.

'사실 나는 텔레마케터가 된 것 같아.'

사무실 테이블에 놓인 전화 그리고 휴대전화를 하루 종일 끼고 살았다. 장소, 인물, 기관 등 항상 전화로 섭외해야 할 일이 산더미였다. 한 번 전화한다고 해서 해결되는 것도 아니다. 섭외될 때까지 그리고 섭외 후 구성안 작성을 위한 사전 인터뷰까지 모두 전화로 이루어졌다.

그만큼 작가에게 통화는 뗄 수 없는 업무 중 하나이다. 이 부분을 읽고 불안해하는 사람도 있을 거라 본다. 최근에는 코로나19 바이러스 이후 비대면 활동이 늘어나면서 통화보다는 메신저, 애플리케이션을 활용한 소통이 더 자연스러워졌다고 말한다. 이 때문에 현대인의 대부분이 전화 공포증을 경험하고 있다는 언론보도를 쉽게 들을 수 있다. 메신저는 충분히 생각한 뒤 답변할 수 있지만 전화 통화는 그 과정 없이 곧바로 자신의 이야기를 해야 하기에 부담을 느끼는 것이다. 이는 콜포비아라고도 불린다. 배달 주문 시 전화보다 앱을 선호한다거나, 전화가 걸려왔을 때 메신저로 이야기하고 싶다는 마음이 든다면 얼른 이를 극복하길 바란다.

그리고 스스로 자신의 전화 예절에 대해 돌아보자. 전화 버튼을 누른 순간 방송 작가들은 늘 누군가의 '을'이다. 전화를 받은 후 항상 자신의 소속과 이름을 말해야 한다. 반대로 상대방의 직함, 이름, 이메일 주소 등은 반드시 체크해야 한다. 중요한 섭외 건의 경우 전화를 마치고 메시지로 한 번 더 자신의 이름, 소속을 남기며 통화 내용을 간단하게 정리해 공유하는 것도 실수를 줄이는 데 큰 도움이 된다.

아주 작은 섭외 건부터 유명인, 전문가 등 가리지 않고 자신의 연락처 리스트를 만들 것을 추천한다. 분야별, 프로그램별로 계속해서 업데이트하면 연차가 쌓일수록 그 리스트는 목돈 통장처럼 일에 대한 자신감을 불어넣어 줄 것이다.

Q1
방송 작가는 꼭
대학을 졸업해야 하나요?

이 질문은 고등학교 직업 특강에 가면 늘 가장 많이 받는다. 하지만 변함없이 나는 "방송 작가로 살고 싶다면 꼭 대학을 나와야 한다"라고 말한다. 사실 학력을 보진 않는다. 유명 대학을 나왔다고 해서 더 좋은 프로그램에 취업할 기회, 빠른 입봉, 작가료 인상 등과는 거리가 멀다. 이 세계는 선배와 상대가 인정해주는 것이 곧 능력이 되고 기회가 되기 때문이다.

그럼에도 불구하고 대학 진학을 권유하는 것은 '경험' 때문이다. 방송 작가로 살면서 가장 좋은 것은 여행 프로그램을 하면 세계를 여행할 수 있는 것, 음악 프로그램을 맡으면 새로운 음악과 가수를 먼저 접할 수 있는 것, 질병에 대해 다루면 그 질병의 명의를 만날 수 있는 것, 사회 문제를 탐구하고자 할 때 유명 정치인과 일할 수 있는 것, 재미를 안겨주기 위해 예능인들과 즐거운 코너를 짜는 것 등 프로그램 성격에 따라 그날의 일기가 달라진다. 이는 곧 스스로 생각하지 못한 세계 혹은 사람까지도 대할 수 있다는 말이 된다.

특히 방송 작가는 각기 다른 이야기를 가진 사람들을 모아 한 목소리를 낼 때, 이 작은 세계를 잡음 없이 잘 이끌어 가야 하고 이 안에서 잘 녹아들어야 한다. 사회화가 잘 성립된 사람일수록 단단하게 버틸 수 있다. 그 예행연습이 대학 생활이 아닐까 싶다. 자신이 좋아하는 분야를 깊게 탐구하는 것은 물론, 20년간 달리 살아온 사람들과 얽혀 인간관계에 대해 배울 수도 있고, 전공 외 다양한 세계를 공부할 수 있다. 또 주어진 시간을 스스로 설계해 어학연수, 배낭여행, 대외활동 등의 기회를 만들 수도 있다.

이 과정을 충분히 경험하고 방송가에 입문했을 때는 규칙 없이 정글 같은 팀에서 버틸 면역력을 갖게 되며 곧 본인의 능력이 된다. 오래 방송가에서 자신의 흔적을 남기고 싶다면 삶의 예행연습이 될 대학 진학에 물음표를 갖지 말라고 말하고 싶다.

Q2
방송 작가의
필수 전공이 존재하나요?

요즘은 방송제작학과, 커뮤니케이션미디어학과, 방송작과학과 등 제작에 있어 직업이 세분화됨에 따라 전공을 선택할 수 있는 좋은 환경이 마련된 듯하다. 하지만 과거에는 대부분이 국문학과, 문예창작학과, 신문방송학과에 지원하는 일이 더 많았다.

나는 어릴 적 꿈이 순수문학에 더 가까웠기 때문에 자연스럽게 문예창작학과에 입학하게 되었는데, 동기들에게 꿈을 물었을 때 대다수가 소설가보다 방송 작가를 꿈꾸고 있어 그 당시 내게 너무 신선한 충격이었다. 방송 작가가 되어 돌아보니 글에 대해 깊이 있게 파고드는 해당 학과가 실제 업무에 도움이 크게 된다고 보지는 않지만, 말하고자 하는 바를 정확하게 파악하고 간결하게 표현하는 방법을 터득할 수 있다.

제작환경을 먼저 경험하고 그 세계에 하루 빨리 닿고 싶다면 방송과 관련된 학과에 진학하는 것을 추천한다. 개인적인 주관으로 나는 문예창작학과를 졸업하고 다시 경영학과에 진학하여 몇 해 전 경영전문대학원을 졸업했다. 그 이유는 제작환경이 많이 달라졌다. 세상의 이야기를 담아내는 콘텐츠 시장에서 사람들의 시선에 닿기까지 꼭 필요해진 존재가 큰손인 기업이다. 광고가 붙어야지만 제작이 가능한 세상이 왔다.

나의 첫 광고 경험은 제철 과일인 단감이었다. 해당 지역의 특산물인 단감을 농장에 가서 직접 보여주고 먹어야 하는 이유를 다양한 사례자, 전문의의 인터뷰를 덧대어 포장했다. 이때 채널사의 입장보다 더 고려해야 할 것이 투자자인 지자체였다.

패션 프로그램을 진행할 땐 그 강도가 더 해졌다. 광고주의 매장에서 다양한 옷을 보여주며 광고 느낌이 나지 않게 당시의 트렌드, 컬렉션 등을 언급하고 연예인들이 직접 그 옷을 입으며 핏을 선보였다. 옷감을 표현하고 코디 착장을 제시하는 것 역시 광고주의 입김이 강했다. 단순히 내부 제작진, 주제에 맞는 자료조사를 통한 아이디어로 탄생한 방송보다는 또 하나의 콘텐츠 주인이 생긴 것이다.

PPL의 격동 시기에서 많은 제작진은 혼란에 빠져야 했다. 하지만 부정적으로 볼 수도 없다. 현재 사회의 가장 핫하고 힙한 것을 보여줘야 하는 방송가의 의무를 더하기 위한 제반이 뒷받침되어 더 좋은 콘텐츠 재생이 가능해졌다. 또 광고주들은 본인의 주력상품을 알리는데 CF, 블로그 등 단순하게 표현하는 것이 아닌, 이야기를 담아 소비자들에게 자연스럽게 다가갈 수 있다. 간혹 광고주에 의해 제작되는 방송을 피하고 싶어하는 제작진들도 많지만 이 세계는 더 깊어질 것 같아 이해하고 싶었다. 경영학과에 진학한 이유도 이러한 이유 때문이다.

결국, 제작진은 콘텐츠 마케터나 다름없다. 마케터로서 제품을 잘 보이게끔 하는 것도 능력이 되고 있다. 일과 학업을 병행하는 것은 지칠 수밖에 없었지만 얻은 게 더 많다. 현재의 제작환경에 대한 이해와 더불어 기업의 가치관을 체감하고 나니 콘텐츠를 만드는 데 있어서 광고주, 출연진, 피디 사이에서 커뮤니케이션하기 수월해졌다. 그렇다고 적극적으로 경영학과에 진학하라고 어필하고 싶진 않다.

나의 주변 동기, 선후배들을 보면 예상치 못한 전공을 한 경우가 허다하다. 정치학, 패션디자인학, 산업디자인학, 건축학 등 출신이 다양하다. 자신이 가장 좋아하는 것에 대해 전공했던 사람들은 방송가에 와서도 그 분야의 프로그램에서 맥을 이어간다. 어떤 것이든 배움은 꼭 쓸모 있는 기회로 남는다. 당장 방송 환경을 간접 경험하고 싶은 것이 아니라면 자신이 즐기면서 탐구하며 전문성을 키울 수 있는 학문을 선택하는 것이 좋다.

Q3
방송 작가로서
필요한 자격증이 있나요?

방송가에 입문해 "왜 이런 자격증은 없어요?"라는 질문은 들은 적이 없다. 하지만 나는 서브 작가에 접어들어서야 몇 개의 자격증을 취득했다. 이유는 다음과 같다.

과거 대선배님들은 도서관, 신문, 잡지, 직접 찾아 나서며 자료조사를 완성했다고 한다. 하지만 우리가 살아가는 현시대는 검색 플랫폼을 이용하면 수많은 정보를 얻을 수 있다. 손쉬워진 것은 많으나 방황하기 쉬운 것도 단점이다. 한번은 운동과 관련된 프로그램을 할 때였다. 3명의 전문가에게 의견을 구하는데 모두가 생각하는 바와 내놓은 답은 달랐다. 그 안에서 무엇이 진짜인지 알 수 없었다. 그때 비로소 스스로 이 분야에 대한 이해도가 없으면 시청자에게 좋은 정보라고 자신 있게 어필할 수 없다는 현실을 깨달았고 이어 요가, 필라테스 자격증을 땄다. 방송 작가와 무관해 보이지만 이 자격증은 더 많은 프로그램을 기획하고 전문가들과 소통하는 데 있어서 좋은 소스가 되고 있다. 이후 로푸드Raw-food 셰프 자격증에도 도전하게 된 계기이기도 하다.

위 질문에 답하며, 만약 내가 막내 작가가 되기 전이라면 가장 추천하고 싶은 자격증이 무엇일까 고민했다. 그때로 돌아 간다면 딱 얻고 싶은 것은 두 가지였다. 한 가지는 '모스 자격 증'이다. 마이크로소프트가 주관하는 국제공인자격증으로 파 워포인트, 워드, 엑셀, 엑세스 등을 능숙하게 다룰 수 있도록 도와준다. 아직까지 방송가에서 한글과컴퓨터 프로그램을 이 용해 대본을 작성한다. 하지만 외부 광고주와 커뮤니케이션 할 때는 대부분 파워포인트, 엑셀, 워드를 활용한다. 이때 해 당 파일을 요청하면 당황하기 쉬운데 이를 능숙하게 다루는 작가는 재빠르게 대응할 수 있다. 파워포인트의 경우, 기획안 작업에 많이 쓰이고 연차가 오를수록 다루는 일이 더 많아진 다. 미리 경험해둔다면 유용하게 쓰일 것이다.

그다음은 '외국어 능력'이다. 꼭 자격증까지 취득하지 않더라 도 한국어를 제외한 외국어를 다루는 것은 큰 경쟁력이 된다. 15년 전 방송에 입문했을 때 선배들이 내준 숙제 중 하나가 해외 예능 프로그램 모니터링이었다. 다운로드까지는 성공하 였으나 말귀를 알아들을 수 없으니 웃음 포인트를 놓치기 십 상이었고 많은 시행착오를 겪어야 했다. 점차 K콘텐츠가 파 워를 갖게 되면서 더 이상 시청자는 한국인에 그치지 않기 때 문에 해외 프로그램을 찾아보거나 해외로 직접 촬영을 나가 는 등 현지와 커뮤니케이션을 할 수 있는 능력을 미리 갖춘다 면 방송 생활이 즐거울 뿐만 아니라 업무의 자신감을 선사할 요소가 될 것이다.

방송 작가가 되기 위해
어떤 준비를 하면 좋을까요?

학생 신분으로 방송가에 입문하게 된 나는 그 시절 방송국에 '입학'했다는 표현이 어울린다. 자신이 맡은 직책의 책임감 무게만큼 돈을 받고 일하는 비지니스 관계에 있어서 가르침을 받고자 했던 나의 부족함을 떠올리면 숨고 싶다. 무성한 질문이 용기가 되는 곳도 아닌 정글 같은 현실이었기 때문이다. 이를 아카데미로 여길 만큼 나는 질문이 많았고 실수도 잦았다. 지금 돌아보면 '이런 것'을 갖췄더라면 더 나은 작가이자 후배가 될 수 있지 않았을까 하는 생각이 든다.

작가마다 작가가 되기 위한 준비과정에 있어서 생각은 다를 것이다. 그중 나는 '풍부한 경험'을 무시할 수 없다고 본다. 어떤 방송팀이든 시청자들의 이목을 끌기 위해서 신선한 아이디어를 기획한다. 가장 긴 시간을 아이디어 회의로 보내고 이 회의가 다가오기까지 무수한 자료를 찾아야 한다. 어떤 분야, 장르, 아이템이던 예외 없이 새로운 것과 남과 다른 것은 필수다. 그 아이디어의 힘이 어디서 나올까 생각하면 그 작가의 경험이 아닐까 싶다.

내가 첫 해외 땅을 밟게 된 것은 중국의 한 프로그램에 참여하게 되면서다. 그때 나이 26살로 기억된다. 아이디어를 나눌 때 가장 반짝이고 자유분방한 작가들이 꼭 있다. 그들을 자세히 들여다보면 해외경험이 풍부했다. 단순히 외국에 나가서 좋아 보이는 것이 아니다. 보호자의 울타리, 익숙한 환경을 벗어나 스스로 계획하고 부딪히며 또 다른 자신의 영역을 만들어 본 사람의 자신감은 달랐다. 가보지 못한 것, 해보지 못한 것에 대한 두려움도 덜했다.

그들이 빛나는 이유를 찾아냈을 때 나는 일을 핑계로 혹은 두려움 때문에 다른 환경에 나아가지 못하는 것을 발견했다. 그 무기력함을 떨쳐버리려고 당장 기차표를 끊어 떠났던 기억이 난다. 당시 프로그램을 진행하던 중이라 해외는 나가지 못하고 4일간 전국 철도 어디든 다닐 수 있는 티켓이었다. 그리고 한 번도 가보지 못한 곳을 찾았다. 우리나라에 대해서도 자세히 알지 못하는 내가 외국을 느낄 수 있을까에 대한 물음도 해소하고 싶었다. 방송 큐시트보다 더 꼼꼼하게 짠 여행일정은 100% 그대로 되긴 힘들었지만 예상치 못한 곳에서 새로운 인연을 만나 딴 길로 새면서 그 나름대로 색다른 경험을 할 수 있었다. 그렇게 틈이 날 때 시즌별로 4~7일씩 여행을 다녔다. 처음엔 두려움으로 가득 차 가족들에게 수십 번 전화했던 휴대폰도 잠잠해졌다. 오히려 그곳에서 얻은 사람, 경험을 통해 내가 하는 일에 있어 더 많은 영감들로 채워갔다.

방송 작가를 꿈꾸는 사람이라면 주저하지 말고 떠나라고 말하고 싶다. 먼 나라가 아니어도 익숙한 것에서 벗어나 홀로 느껴보는 경험, 예측하지 못한 상황에서 얻는 성취감은 생각의 뿌리를 더 뻗어 나가게 한다. 또 학교에 다니고 있다면 그 안에서 할 수 있는 대외활동에 참여하는 것도 적극 추천한다. 그때 그 나이에만 누릴 수 있는 그 특권 같은 경험은 훗날에는 곁에 둘 수도 없다. 어떤 경험이든 아이디어 회의 때 캄캄한 회의실을 밝히는 나 자신을 만들어 줄 것이다.

방송 작가가 되기 위해
습관화하면 좋은 것이 있나요?

"유튜브 중독자가 되세요."
"좋아하는 콘텐츠는 더 자주 보세요."

방송계 입문을 꿈꾸는 친구들에게 습관적으로 건네는 말이
다. 모두 이 이야기를 하면 웃음부터 터뜨린다. 하지만 나는
가장 중요한 것이라고 본다. '아는 만큼 보인다'라는 말처럼
많이 봐야 좋은 콘텐츠를 찾아내는 감이 온다. 단, 무의미하게
콘텐츠 중독자로 살아가라는 말은 아니다. 그렇게 된다면 흔
히 말하는 바보상자만 들여다본 꼴이 된다.

한 고등학생 친구가 K콘텐츠의 하나인 먹방을 즐겨보는데 그
건 나쁜 것이지 않냐고 물었다. 나는 오히려 아니라고 반문했
다. 하루에 수백, 수천 개의 영상이 가공되는 먹방을 감히 나
쁜 콘텐츠라고 여길 수 없다. 누군가에게는 괴이하게 많이 먹
는 사람들, 유행하는 음식을 광고처럼 먹는 사람들로 보일 수
있지만 콘텐츠 제작자를 꿈꾼다면 다른 시각으로 봐야 한다.
어떤 크리에이터는 소개하는 음식에 가장 잘 어울리는 궁합
좋은 음식을 내놓고 어떤 크리에이터는 하나의 음식에 집중
하며 소리를 가장 잘 드러나게 하는 구성으로 만든다. 또 어

떤 크리에이터는 지역구마다 숨겨진 현지인 맛집을 찾아 직접 인증한다. 이처럼 같은 먹방이지만 다 다른 목소리를 내고 그 구성과 장치가 다르다.

많은 콘텐츠를 경험할수록 그 콘텐츠의 기교를 한번에 살펴볼 수 있다. 이 때문에 우리는 콘텐츠 시장에서 살아남기 위해서 많은 것을 봐야 한다.

2 방송 작가로서의 취업

방송 작가의 구인구직의 8할은 인맥으로 이루어진다고 해도 과언이 아니다. 온종일 붙어있어야 하고 서로를 서포터해야 하기 때문에 검증된 사람을 쓰고자 하는 욕구도 크다. 함께 작업해본 작가 혹은 주변 지인들의 소개로 대부분 작가진을 꾸리려고 고군분투한다. 그렇게도 이루어지지 않는다면 그때 서야 구인구직 공고를 올린다. 큰 양식은 없다. 5가지 항목에 간단한 프로그램 소개 하나로 모든 연차의 작가들이 구인구 직을 확인한다.

K 신규 프로그램 작가진 구인합니다.

1. 프로그램명: *****
2. 구인 연차: *년 차 1명, *년 차 2명
3. 투입 시기: *월 초
4. 고료: 연차에 맞춰 협의 / 기획 기간부터 월급제
5. 근무형태: 탄력적 상근 / 막내는 상근

막내 작가 시절에는 작가료가 시장 대비 낮은 편이지만 연차 가 쌓일수록 기업 종사자들에 비해 같은 연차여도 훨씬 많은

수익을 얻는 경우가 많다. 단, 그들은 고정급이지만 우리는 변동성이다. 적지 않은 임금이 오고 가고 일상의 일부분을 차지하는 구직 활동에 정보가 없어도 너무 없는 게 아직도 아이러니하다. 아마도 일반적인 구인구직 플랫폼에 저 요소만으로 사람을 구한다고 하면 정체불명의 회사이자 갑질의 끝판왕이라고 느낄 수도 있을 것이다. 그런데 이상하게도 방송 작가들은 항상 세상과 아이템에 'why?'라는 질문을 달고 살지만 직업을 구할 때만큼은 마음이 넓어지는 듯하다. 대부분 그냥 믿고 일한다. 그런 점에서는 우리가 너무 순수하지 않은가 싶다. 또 지나치게 많은 질문을 하면 이 바닥에선 경솔하고 함께 일하기 어려운 사람으로 치부하는 게 현실이다.

더 나은 삶을 살아가기 위해 웃음, 감동, 사회에 대한 질문 등 그림으로 만들어 세상에 목소리를 내는 것이 방송 작가의 삶이다. 하지만 대외적으로 보이는 활동과 달리 내부는 폐쇄적인 부분도 많다. 정형화된 구인구직 시스템, 갖춰야 할 요건, 노동 규칙 등이 존재하지 않고 모호하다. 하지만 어느 것 하나 정해진 것이 없어서 유연하게 이 시대에 맞춰 살아가고 있을지도 모른다. 방송가의 문을 두들기기로 결심했다면 일반적인 취업과는 다른 환경이라는 것을 반드시 새겨두자.

방송 작가의 채용은
어떻게 이뤄지나요?

방송국, 방송 프로그램이 쏟아져 나온 지는 얼마 되지 않았다. 90년대 후반까지만 해도 방송가는 KBS, MBC, SBS를 주축으로 돌아갔으며 제작에 참여하는 방송 작가도 매년 정기적으로 공채공개채용를 통하거나 특채특별채용로 입문하는 방식으로 이루어졌다고 알려져 있다.

당시 MBC의 채용 기준을 보면 교양 작가는 2~3년에 1회 비정기적으로 뽑으며 8~10명 정도의 인원을 서류전형, 상식, 작문, 면접을 통해 채용했다. 예능 작가의 경우 1~2년에 한 번 3~5명을 비정기적으로 기획안, 대본, 작문, 면접 등을 통해 선발했다. 하지만 오늘날은 공중파 3사 외에도 굵직한 채널들이 자리 잡고 있으며 웹 콘텐츠까지 확대되어 방송 작가가 몸담을 수 있는 곳은 무수히 많아졌다.

방송국에서 직접 뽑는 공개채용은 사실상 사라졌으며 대부분 프리랜서로 각개전투하며 살아가고 있는 실정이다. 개방적으로 모든 세상의 이야기를 만들어내고 있지만 실제 내부는 폐쇄적으로 여전히 내부 추천을 받는 채용방식을 선호한다. 방송 작가만 1천여 명 이상 모인 단체 대화방, 구성작가협의회의 구인구직란을 통해 작가를 모집하기도 한다. 이를 통해서도 작가 구인이 어려울 때는 방송 교육기관에 의뢰해 추천을 받아 진행하는 방법이 있다.

방송가는 여전히 '누가 소개한 사람', '내가 함께 일해본 사람' 일명 내부에서 검증된 사람을 더 선호하기 마련이다. 좋은 프로그램에 입문하고 싶어도 결국 빛나는 이력서 한 줄보다 굵직한 인맥이 힘이 되는 게 어쩔 수 없는 현실이라 마음이 쓰다. 이러한 이유로 방송 작가와 관련된 외부 강의를 나갈 때마다 소통할 수 있는 개인 연락처를 꼭 공유한다. 누군가에게 작은 문이라도 열어줄 수 있는 존재가 되기 위해서다.

나 또한 부족한 인맥으로 좌절한 경험이 많다. 채용 과정은 충분히 개선되어야 할 필요가 있다고 본다. 반면 웹 콘텐츠 제작사 등 기업에서 정규직으로 작가를 채용하는 경우에는 보다 구체적이고 질서 정연하게 구직을 요청하는 형태가 많으며 실제 다양한 구직 사이트에서 찾아볼 수 있다.

채용 시 가장 중요하게 보는 요소는 무엇인가요?

자신이 몸담고 싶은 프로그램에 지원하여 면접까지 가게 되면 청신호로 볼 수 있다. 경험을 빌리자면 지원한 프로그램에 대한 이해도 혹은 아직 방송되지 않은 프로그램이라면 그들이 다루고자 하는 것에 대해 얼마만큼 관심이 있는지가 중요하게 여겨진다.

작가가 만든 구성에 어울리는 캐릭터를 설정해 다른 사람을 투영해서 메시지를 전하지만 결국 이 과정은 작가 구성원들이 만든다. 프로그램이 진행되고 폐지될 때까지 헤쳐 모여 형식으로 살아가는 방송계이지만 이 속에서 얼마만큼 균형 잡힌 관계를 유지할 수 있느냐를 중요하게 보는 곳도 많다. 결국 자신이 얼마나 긍정적이고 적응력이 좋은지 평가하는 것이다.

한편, 나는 제작하는 프로그램의 작가를 찾을 때 '말재주'를 가장 눈여겨보는 편이다. 어떤 일에 있어서는 '말보다 행동이 앞서는 사람'이 우선시 될 때도 있다. 하지만 작가로서 살아갈 때 '말'은 곧 능력이 된다. 방대한 자료조사 속 아이디어 안을 내세울 때도 글보다 말이 힘이 되고 원하는 사람, 장소 등을 섭외할 때도 말로 일을 마무리 짓는다. 그래서 면접에서 일상적인 대화부터 일에 대한 생각까지 다양한 질문들을 이어가며 그 작가에 대해 짧은 시간 안에 파악하려고 노력한다.

내가 생각하는 말재주는 말로 언변이 좋아 다른 사람을 홀리는 것과 다르다. 상대가 던지는 질문을 귀 기울여 듣고 핵심을 파악하여 꾸밈없이 이야기하는 것이다. 항상 섭외에 있어 작가가 '갑'이 되진 않는다. 누군가에게 부탁해야 하고 시간을 허락해주길 바라야 하는데 이때 자신의 말만 앞서 이야기하는 것은 결과가 좋지 못하다. 말은 곧 습관이자 자신을 대변하기 때문에 면접이 이루어지는 과정에서도 너무 앞서다 보면 그 사람과 얼마나 일하기 힘든 내일이 펼쳐질지 투영된다.

간절하게 바라는 프로그램에 함께하길 원한다면 100을 이야기하고 싶어도 60만 말하는 습관을 갖는 게 좋다. 아는 것이 많다고 자랑하며 그 이야기의 주인공이 되기보다는 덜 말하고 더 들으며 그 질문에 간결한 답을 하는 것을 추천한다.

정해진 이력서와
포트폴리오가 있나요?

학교라는 울타리를 벗어나 사회에 나갈 때 나를 표현할 수 있는 것은 이력서다. 보통 관공서, 기업들은 사내에 정해진 양식이 존재하기도 한다. 하지만 안타깝게도 방송 작가에게 정해진 이력서와 포트폴리오는 존재하지 않는다. 정답이 없기 때문에 이를 더 활용하기 좋은 면도 있다.

대부분 작가들은 기본적인 이력서 양식을 쓰는 경우가 많다. 정해진 이력서가 없어 선배가 사용하는 이력서를 받아 그 틀에 맞춰 업데이트하기도 한다. 틀은 없어도 좋은 이력서가 되는 방법은 존재한다. 이력서는 과거에 자신이 경험한 사실들을 증빙하는 자료 중 하나지만 의미 없이 나열하기만 한다면 지루하기만 하다. 내가 앞으로 해야 할 직무 혹은 내가 해온 직무를 명확히 이해하고 이력서, 포트폴리오를 작성한다면 채용을 담당하는 선배 작가의 눈을 사로잡기 좋다.

먼저, 이력서 옆 연차를 크게 표시한다. 방송 작가 세계는 자신이 몸담은 횟수가 곧 프로그램 내의 위치를 결정하고 연차를 이야기함으로써 내 역량이 어디까지 닿을 수 있는지 상대가 파악할 수 있기 때문에 매년 업데이트가 필요하다. 경력에 대해서도 간결하지만 자세히 알 수 있게끔 어필한다. 예를 들어 막내 작가일 때 해당 프로그램에서 맡은 업무를 나열하고 제작사 혹은 방송사에서 고용되었는지도 표기한다. 또 프로그램에 참여한 기간도 명확히 표기한다. 대본을 쓰게 된 '입봉' 단계를 거쳤다면 입봉 시기를 따로 단을 나누어 입봉 때부터 자신이 실행해 온 것을 구체적으로 쓴다. 이 내용만으로도 충분히 포트폴리오의 역할을 할 수 있다.

단, 막내 작가와 입봉을 한 지 얼마 안 된 작가의 경우 이력서 외 자신을 더 어필할 수 있는 자기소개서를 짧게라도 첨부할 것을 추천한다. 자기소개서에는 우리가 흔히 알고 있는 자신의 성격, 살아온 환경 등을 나열하기보다는 업무수행 능력을 얼마나 발휘할 수 있는지를 어필하는 것이 더 좋다. 예를 들어 방송 작가가 기본적으로 갖춰야 할 기술인 문서화 스킬이 어디까지 가능한지, 선배들을 서포트하는 데 있어서 다양한 정보를 모으는 데이터 수집과 분석 능력이 어느 정도인지 강조하는 것이다. 많은 사람의 의견을 취합하고 정리해야 하기 때문에 본인이 커뮤니케이션에 얼마나 유연한지에 대해 언급하면 더 좋은 인상을 남길 수 있다.

방송 아카데미 과정을 꼭
이수해야 하나요?

방송 작가도 전문직이라고 보지만 여느 전문직에 비해서 취업에 대한 정보가 현저히 낮다. 방송계에 대해 막연함을 가지고 검색할 경우 검색 플랫폼 상단에 뜨는 여러 아카데미 광고를 쉽게 찾아볼 수 있다. 방송 아카데미의 장점은 있다. 현재 방송가에 몸담고 있는 선배들이 직접 현장의 생생함을 전달해주며 방송 작가로서 하는 일, 방송 작가가 되면 하게 될 일에 대해 트레이닝시킨다. 이때 될성싶은 떡잎은 달라 보인다고 선배의 눈에 들면 좋은 프로그램을 시작으로 방송가에 들어가기도 한다. 주변에서 아카데미를 함께 수료한 작가들을 살펴보면 함께 수료한 동기들과 관계를 유지하며 프로그램 구인, 구직에 정보를 공유하고 관계망을 크게 형성하기도 한다.

나는 아카데미를 수료하지 않고 방송을 시작했기 때문에 어떠한 정보도 없이 프로그램에 투입되어 시행착오도 많이 겪어야 했고 함께 일하는 선배들의 도움도 많이 필요했다. 하지만 실제 처음 주어진 업무는 전화 섭외 업무, 소품 리스트 정리, 큐시트 정리, 프리뷰 등으로 대학 한 학기 등록금에 가까운 돈을 내면서 이 업무들을 배우는 게 맞는 건가 하는 의구심이 들기도 한다. 아카데미를 통해 좋은 프로그램의 일자리를 얻는 경우도 있지만 그렇지 않은 경우도 존재한다.

나는 비추천에 가깝지만, 주변 작가들에게 물었을 때 추천과 반대가 반반으로 나뉜다. 그만큼 아카데미 수료에 대해서는 모든 방송 작가의 생각이 다른 듯하다. 콘텐츠 작업에 대한 어느 정보도 없으며 자신의 성향이 어떤지 간접적으로라도 경험해봐야 자신감을 가질 수 있다면 그런 작가에게는 추천하고 싶다.

Q5
방송 작가는 모두가
프리랜서인가요?

정규직 전환, 노동법 강화에 대한 인식이 높아지면서 각 방송사에서도 노동자의 환경을 고려한 보도나 프로그램을 방영한다. 하지만 정작 방송국 내에는 정규직인 사람이 많지 않은 것도 아이러니한 현실이다. 2021년 기준 국내 방송 작가는 1만여 명으로 추산된다. 하지만 이 중 80% 이상은 프리랜서다. 2020년 KBS를 보면 16.7%가 비정규직이며 특히 TBS는 90.3%가 비정규직으로 꼽힌다. 결국 비정규직을 가장 많이 고용한 산업 중 하나가 방송사다.

방송 작가들은 대부분 특수고용 비정규직, 프리랜서인데 정규직 제안을 받더라도 직접 고용 기간이 정해진 기간제 근로계약을 체결하는 것이 대부분이다. 이는 고용주인 채널사가 리드한다기보다는 작가 다수가 정규직 전환 과정에서 프리랜서를 유지하고자 하는 이유도 있다. 프리랜서의 삶은 수입의 불안정은 있지만 시간 사용의 자율성이 보장된다. 스스로 자신의 삶을 계획할 수 있고 한 프로그램에 얽매이지 않으며 다양한 활동을 통해 더 큰 수익을 낼 수 있다. 이 때문에 한 곳에 소속되는 것이 곧 '손해'라는 인식도 커졌다. 하지만 안정적인 직업 환경도 중요하게 여기는 목소리가 생기면서 정규

직이지만 자율성을 보장하는 근무여건이나 처우개선에 대해
행동하는 움직임도 커지고 있다.

Q6
방송 작가로서
처음 하는 일은 무엇인가요?

방송국에 입사하자마자 노트북을 펼쳐 자유롭게 글을 쓸 것이라는 상상은 접어두면 좋겠다. 방송 작가로서 처음 하게 되는 일을 묻는다면 당신의 포지션은 '막내 작가'일 것이다.

막내 작가에게 모두가 기대하는 바는 센스있는 자료조사다. 아이템이 정해지면 아이템 회의가 있기 전까지 선배들이 볼 수 있게 모든 기사, 매거진, 방송, 책, 논문 등 가릴 것 없이 그 분야에 대해 탈탈 털어야 한다. 찾은 기사를 단순히 '복사하기, 붙여넣기'를 한다면 그것은 일했다고 평가받지 못한다. 자료조사를 하면서 자신도 그 내용에 대해 읽고 이해하며 분류하는 것을 추천한다. 주제, 기사, 인터뷰 모음, 최근과 과거의 달라진 점 등 나누어 정리하는 것이 본인도 편하고 읽는 선배들도 수월하다. 단, 자신이 찾은 모든 자료조사 내용이 아이템 회의에 통과되거나 대본에 포함된다는 생각은 하지 않는 것이 좋다. 이 때문에 상처받는 작가들도 종종 보았는데 어디까지나 아이템에 대한 세계를 보여줄 뿐 정답을 알려주는 도구로 선배에게 제시하는 것이 아니기 때문이다.

자료조사를 바탕으로 아이템 회의가 마무리되면 선배들은 대본을 쓰고 이때 막내 작가는 전적으로 서포터한다. 여러 명의 선배가 동시에 자료조사를 요구하거나 간단한 섭외를 요청하면 이것도 모두 소화해야 한다. 대본이 컨펌되고 촬영을 준비하는 과정에서도 쉴 틈이 없다. 작은 소품부터 중요한 것까지 바로 위의 선배와 소품 리스트를 준비하며 하나도 빠짐없이 촬영 당일까지 준비한다. 또 출연자의 대본에는 보는 사람에게 맞춰 그 사람의 멘트에 꼼꼼하게 줄을 긋는 일도 막내의 담당이다.

업무적인 것 외에도 막내가 꼼꼼히 살펴야 하는 것은 팀 내의 분위기다. 선배들보다 항상 먼저 출근해서 회의 준비를 하는 것은 물론 선배들이 출근할 때에 맞춰 각자 취향을 고려한 커피 주문도 빼놓지 않아야 한다. 커피 주문이라는 말을 읽고 눈살을 찌푸린 독자도 있겠지만 미리 오기 전 커피 주문, 밥 때에 맞춰 어떤 메뉴를 먹을지 묻는 것, 회의시간 리마인드 등의 제스처를 취하면 팀 내 분위기가 달라지고 '일 잘하는 막내'로 취급한다. 오랫동안 방송가에서 요구되는 막내를 향한 바람으로 쉬이 없어질 문화는 아니라고 본다.

나의 막내 시절 비장의 무기는 뉴스였다. 밤샘 작업을 하고 출근한 선배, 아이템에 쫓겨 출근한 선배 등을 마주해야 하는데 이때마다 이들을 어찌 대할지 온몸이 얼어붙었다. 그 차가운 공기를 식히기 위해 아침 출근길에 뉴스를 봤다. 그날의 뉴스 주제는 분위기를 말랑말랑하게 만들기 딱 좋았다. 어느 날은 날씨 이야기로 시작하고 또 사회를 시끄럽게 하는 이슈가 있는 날은 그 화두를 던져 대화를 이어갔다. 일하기 위해 만난 관계지만 자연스러운 이 대화 속에서 곧 정이 오가듯 관계가 탄탄해짐을 무시할 수 없다. 방송가 바닥은 너무 좁아 프로그램을 옮길 때마다 함께 일했던 선배에게 나의 움직임의 소식이 닿는 것은 당연하다. 여러 프로그램을 할수록 나를 평가하는 선배들이 더 많아지기 때문에 항상 이 관계를 위해 노력하는 자세가 필요하다.

방송 작가의 직급은
어떻게 되나요?

막내 작가 시절, 다른 분야로 취업한 대학 선배를 만났다. 그녀가 가져온 굿 뉴스가 있었는데 사원으로 열심히 살아온 시간을 보상받아 주임이 되었다는 것이었다. 방송 작가의 직급은 매우 단순하고 회사의 직급과 달라 마치 '회사의 주인'이 되었다는 말로 받아들여 분위기를 얼음장처럼 만든 기억이 난다. 보통의 회사는 '사원-주임-대리-과장-차장-부장-이사-상무-전무-사장'의 직급이 있다면 작가는 딱 세 분류다. 크게 3가지로 '막내 작가-서브 작가-메인 작가'이다.

처음 방송팀에 들어갔을 때 8명의 작가가 있었다. 어떻게 불러야 할지 몰라 선배들이 서로를 부르는 호칭에 대해 청각을 곤두세워 들었다. 하지만 모두 '언니'라고 부르고 있었고, 내 시선에서 가장 선임인 메인 작가도 '언니'라고 불렸다. 그리고 선배들은 바로 아래의 후배들에게 직급이 아닌 이름을 불렀다.

막내 작가는 방송 프로그램 제작에 필요한 모든 것을 조사한다. 방대한 양의 자료를 조사하면서 검색의 달인이 될 정도다. 대본을 쓰는 서브 작가들의 서포터 역할이 가장 크다. 스스로 대본을 쓰거나, 한 코너의 담당 등 책임이 주어질 때 '입봉'했다는 표현을 쓰며 서브 작가 반열에 오른다. 막내 작가를 케어하며 자신이 맡은 일을 해야 하고 또 메인 작가를 서포터하기 때문에 개인적으로는 업무 강도가 가장 높을 때라고 본다.

메인 작가가 되었다고 편해지는 것은 아니다. 책임의 무게는 더 커진다. 출연자, 연출팀, 작가 구성원들과 소통했던 서브 작가 때와는 달리 한 프로그램의 가장 역할을 한다. 방송사 채널의 CP, PPL사, 모든 프로그램에 참여하는 구성원 등과 커뮤니케이션해야 하며 프로그램에 대한 책임이 따른다. 메인 작가가 되는 것도 시기가 딱 정해있기보다는 대부분 본인이 리드하여 프로그램을 만들게 되었을 때 혹은 피디나 제작사의 권유로 담당하게 되면서 자연스럽게 메인 작가로 입봉하게 된다. 대부분 교양 프로그램이 입봉 시기가 빠른 편이며 예능 계열은 좀 더 시간이 걸린다는 평이 많다.

Q8
중간에 방송 분야를
바꿀 수 있나요?

막내 작가 시절, 참여한 방송에서 내 흔적을 찾으려면 방영 후 마지막 자막을 놓치지 않아야 했다. 마치 한숨처럼 순간적으로 흩어지는 작가 소개 자막 중 가장 마지막에서 내 이름 석 자를 찾을 수 있었기 때문이다. 점차 그 순서가 앞으로 옮겨질 때마다 맨 앞자리에 가기까지 가장 쓸모 있는 사람이 되고 싶다는 생각이 간절했다. 그 당시 가장 쓸모 있는 사람이 되기 위해서는 자판기처럼 어떤 능력을 요구하면 그 자리에서 바로 뽑아내어야 하는 줄 알았다. 그래서 처음 예능 프로그램을 시작했지만 그 이후로는 교양, 정보, 버라이어티 그리고 진지한 다큐멘터리에 이르기까지 다양한 장르에 발을 담갔다.

단, 다큐멘터리는 일주일 만에 포기 선언을 해야 했다. 동충하초가 뿌리를 박고 제 모습을 드러내는 탄생의 과정을 프리뷰 하는 업무였는데 테이프를 하나씩 살펴보며 피어나기를 기다리는 동안 나는 바닥으로 꺼지는 기분이 들었다. 끝내 동충하초가 만개한 모습은 보지 못한 채 도망쳤다.

그리고 마침내 내 분야를 찾아낸 것은 우연이었다. 당시 우리나라를 뒤흔든 화제의 드라마가 등장해 뉴스에서도 그 패러디 열풍을 보도하기 바빴다. 그 여파로 드라마 속 여주인공이 입는 코디가 유행을 선도했고, 이를 닮고 싶은 사람들에게 일상복으로 응용할 수 있는 코디를 주제로 하는 꼭지를 급하게 담당하게 되었다. 일하는 내내 즐거웠고 적성에 확신이 들었다. 이내 이것 패션. 뷰티 분야 만 하고 싶어 퇴사를 선언했다. 그리고 간절히 기다리자 구인구직란에 패션 프로그램의 작가를 모집하는 글이 올라와 서둘러 지원해 운 좋게 합류하게 되었다.

물론 중간에 분야를 바꾸는 게 쉽지는 않았다. 나를 제외한 모든 작가 구성원은 패션 콘텐츠 계에서 이름난 사람들이었고, 면접 당시 메인 작가는 내게 "패션 프로그램 경력이 없어서 2년 연차가 낮은 후배 밑에서 일을 시켜봐야 계속할 수 있는지 알 수 있을 것 같아요. 이것저것 한 건 많은데 뭘 잘하는지 모르겠어서. 괜찮겠어요?"라고 말했다. 돌아갈 길이 없어 수락했지만, 이 일은 내 인생을 바꾼 경험 중 하나로 꼽는다. 무엇이든 잘 해내기 위해서 모든 것을 다 경험해봐야 한다고 생각했지만, 단단히 헛다리를 짚은 것이다. 그날 이후 내가 가장 좋아하는 것, 잘할 수 있는 것, 즐길 수 있는 장르에 집중해 달려왔고 그 덕에 '뷰티 방송 작가 강이슬'이란 타이틀을 가졌다. 직업 강의를 가면 분야를 바꾸는 것에 대한 질문을 많이 받는다. 충분히 가능하다고 말한다. 하지만 분야를 바꾸는데 있어 내가 어떤 사람인지, 어디에 가장 쓸모 있게 쓰일 수 있는 사람인지 신중하게 생각한 후 확고해졌을 때 선택하라고 덧붙이고 싶다.

방송계에서 오래 일하는
비법이 있나요?

방송가에서 대부로 불리며 '매일이 전성기'라는 꼬리표가 붙는 방송인은 단연 이경규 선배다. 60세가 넘도록 현역에서 톱을 유지하는 것은 방송인이라면 다 우러러볼 만하다. 또 누구나 그처럼 되고 싶을 것이다. 그의 열정은 남다르며 도전에 거침이 없다. 지난 40여 년을 돌아보면 옥상에 숨어 양심인이 나올 때까지 기다리던 방송, 정치인 최초 예능 출연, 누워서 방송하는 눕방 등 도전자 정신이 늘 따라왔다. 호통치는 캐릭터로 유명하지만 그 말에는 항상 건설적인 의미와 뼈가 있어 누구도 그를 미워하기 힘들다.

그는 한 예능 프로그램에서 40년 이상 롱런할 수 있는 이유를 언급했다. "예능의 꽃은 리액션! 캐릭터의 완성은 좋은 리액션이다." 나는 이 말을 잊을 수 없다. 연예인이 아니어도 제작자인 작가에게도 와 닿는 말이었다. 아무리 좋은 콘텐츠를 잘 만들었어도 타인의 리액션이 없으면 죽은 콘텐츠나 다름없다. 우리는 그 리액션을 고대하며 촬영현장마다 출연진 2배가량의 카메라를 대동한다. 모두 리액션에 간절한 것이다.

방송 촬영 전 출연자를 사전 인터뷰하고 대본화하는 과정에

I am a broadcasting writer

서도 리액션이 중요하다. 인터뷰어에 대한 리액션이 뒷받침되어야지만 그들도 신나서 숨겨놓은 자신의 모습을 내놓는다. 실제 요즘 현업에서 선배들을 보면 50~60대의 선배들을 흔히 만나 뵐 수 있다. 그런 점에서 방송은 정년이 없다는 생각도 든다. 오랫동안 쌓인 본인의 인맥과 노하우를 그 누구도 대체할 수 없기 때문이다. 이를 유지하기 위해서는 이경규의 불패신화처럼 스스로와 타인을 위한 최고의 리액션을 갖추고, 도전 활동을 멈추지 않는다면 방송가에서 오래 살아남을 수 있다고 생각한다.

방송 작가의 현실

"그럼에도 불구하고 사랑한다."

막내 작가 시절, 내 자리를 찾고 싶어 굵직한 프로그램부터 새로 론칭할 프로그램까지 가리지 않고 지원한 적이 있다. 공통점은 면접을 보던 선배들의 표정이었는데, 모두 나를 애처로운 눈빛으로 바라보았다. 지금이라도 당장 이 세계를 탈출하라고 간곡히 부탁하듯 타이르는 경우도 있었다. 나라는 사람을 마주한 지 1분도 안 되어 나를 걱정해주는 그 모습이 와닿지 않았다. 한때 그 말들에 홀딱 넘어가 방송가를 떠나지 않은 것은 스스로 갖춘 현실적인 감각 때문이라고 단단히 착각했다. 결과적으로 난 이 세계를 사랑하기 때문에 여전히 버티고 있다.

허진호 감독의 〈봄날은 간다〉에 나오는 대사 중 "사랑이 어떻게 변하니?" 이 한마디의 울림은 시대가 지나도 모두가 공감한다. 사랑은 나도 모르게 빠지고 또 영원할 것만 같았다가도 변한다. 나는 일방적으로 이 세계와 치열한 사랑을 15년째 하고 있다. 처음에는 나와 맞지 않는 것 같았는데 할수록 손에 익었다. 그러다 몸이 고되 정말로 떠나겠다고 다짐하며 다른 세계로 도망친 적도 있다. 하지만 규칙이 난무한 일반 직업군에서는 버티기 힘들었고 다시 방송 품에 안겼다. 또 대본이나 기획안을 쓰려고 앉으면 지루하지 않고 재밌다. 글로 무엇을 만들어내는 게 설레고 촬영 날이면 완성되어가는 과정이 너무 좋다. 지금 이 글을 쓰는 순간에도 얼굴 근육들이 느슨해지며 편안해짐을 느낀다. 그만큼 난 단단히 사랑에 빠져있다.

누구나 자신의 직업에 대한 현실을 고하라고 하면 가장 부정적인 것부터 떠올릴 것이다. 사람은 어떤 면에서 지극히 자기만 알고 이기적이다. 그러니 자신이 하는 일이 가장 힘들고 고되다고 느끼지 않는가. 하지만 적어도 내가 속한 이 세계를 부정하고 미워하면 스스로 어느 곳에서도 사랑하고 사랑받을 수 없다고 생각한다. 사랑은 쌍방이고 이별은 일방이다. 내가 놓아버리면 끝나는 것이다.

방송 작가를 꿈꾸고 있다면 마음 단단히 먹고 후회 없이 실컷 이 세계를 탐험하고 사랑하라고 조언하고 싶다. 당연히 단점은 존재한다. 그것마저 없으면 매력이 없다. 사랑할 준비를 한다는 생각으로 방송 작가의 현실을 마주하길 바란다. 노력해 발맞춰 가도 어렵다면 그때 이별을 고해도 늦지 않다.

방송 작가의 노동 강도는
어떻게 되나요?

주변 방송 작가들에게 "우리 직업의 노동 강도는 어떻게 생각해?"라고 질문해보니 "3D", "더 높은 게 있어?" 등 돌아오는 대답은 참담했다. 노동 강도는 높은 데 반해 방송 작가의 초봉은 낮다. 이직률도 높은 편이다. 업무 시간을 보자면 정해진 시간은 존재하지 않는다. 선배가 정해준 시간이 곧 출근이자 퇴근이다. 집으로 돌아가서도 일은 끝나지 않는다. 자료조사를 요청받거나, 서브 작가의 경우 담당한 대본이 완성될 때까지 노트북 앞을 떠날 수 없다. 또 전화벨이 3번 이상 울리지 않게, 혹은 메신저에 즉각 대답할 수 있게 잠자리에 들 때는 긴급 상황을 대비해 휴대폰을 곁에 둬야 한다.

한 예로 아침 생방송 프로그램을 맡을 때였다. 내가 처음으로 마주한 일출은 제작사 사무실이었다. 다음 주 원고를 위해서 섭외, 구성안을 쓰는 일이 무섭게 방송 4시간을 앞두고 당장 방송 VCR 파일이 넘어와 내레이션 원고를 써야 했다. 아침이 밝아올 때까지 누구도 쪽잠을 청하지 못했고 그럴 여유도 없었다. 아침이 내려앉는 그 시간 속에서 힘 있게 리듬을 만들어내는 작가들의 키보드 소리만 가득 채워졌다. 원고를 넘기면 곧장 생방송 현장으로 가야 한다. 현장 진행, 내레이션 큐

사인 등 현장 일이 끝나고도 퇴근은 없다. 다시 사무실로 돌아와 당일 녹화에 대한 회의가 이어진다. 방송 사고가 났거나 시청률이 부족했을 경우 밤샘에 밀려오는 졸음도 사치다. 또 당일 방송이 잊히기도 전, 당장 다음 아이템에 대한 회의가 이어진다. 섭외에 오래 공들여야 하는 아이템을 어쩔 수 없이 맡을 경우 집으로 돌아가는 길에서도 전화를 붙잡고 있어야 했다.

녹화 방송을 한다고 해도 대부분 매주 방영이 되는 프로그램을 담당할 경우 다 겪는 일이다. 이 때문에 누군가 방송 작가의 업무 강도에 대해서 물었을 때 쉬이 '할만하다'라고 내뱉기는 참 어려운 일이다.

하루 근무시간은
얼마나 되나요?

방송 작가의 하루 근무시간을 딱 정해서 말하기는 어렵다. 팀 분위기에 따라 굉장히 다른 편이다. 어떤 팀은 오전에 출근에 밤늦게 퇴근하는 경우도 있고, 점심을 먹고 출근해서 새벽에 퇴근하는 일도 많다. 어느 날은 메인 작가의 재량에 따라 출근을 하지 않고 재택근무를 하게 되는 경우도 있다. 이 때문에 프로그램을 하는 동안은 퇴근 후 어떤 것도 미리 계획할 수 없어 약속을 잡기 어렵다.

방송가 대부분은 밤과 새벽을 좋아한다. 대본을 쓰는 작가도 컷을 편집하는 피디도 '새벽에 그림이 잘 붙고 글이 잘 써진다'라는 말에 고개를 끄덕인다. 선배들로부터 내려온 이 거꾸로 시간을 쓰는 삶은 자연스럽게 스며들어 나 역시 아침형 인간이 되려고 노력할 때 꽤 오랜 시간이 걸렸다. 이런 밤 업무 문화에 대해 반대 성향을 갖게 된 것은 건강 때문이다. 밀폐된 공간에 장시간 앉아서 근무를 하고 잦은 야식, 불규칙한 수면이 습관화되면서 이른 나이에 지병을 갖게 된 경우를 많이 마주했다.

그래서 요즘에는 업무 환경에 대해 많은 변화도 일어나고 있다. 나부터 방송가는 출퇴근 시간이 정해지지 않았다는 인식을 깨기 위해 맡은 팀 내에서 많은 변화를 시도하고 있다. '9 to 6' 업무 규칙이 세상에 정해진 건 업무 능률이 가장 좋은 시간이기 때문이란 생각을 한다. 심지어 이제는 방송가 사람들끼리 일하는 것이 아닌 일반 기업과 협업하는 경우가 더 많다. 그들이 쉴 때 일하면 모든 의사결정이 늦어진다. 이 때문에 남들이 일할 때 똑같이 일하고 쉴 때 같이 쉬자고 나름대로 외치며 살고 있다.

늦은 밤에 써야 잘 써진다던 원고는 낮에 쓰는 버릇하니 곧잘 적응했고, 정해진 퇴근 시간이 있으니 작가들도 자신의 시간을 자유롭게 계획할 수 있게 되었다. 각자의 시간이 주어진 덕분에 편안하게 휴식하고 그 여유가 일할 때도 전해져 결과적으로 팀 분위기가 전체적으로 좋아지는 것을 느낀다. 위 질문에 대한 답은 작가마다 다 다를 것이다.

Q3
방송 작가의 월급이
적다는 게 사실인가요?

지난 2007년, 가장 굵직한 예능 프로그램에서 선배 작가들을 보조하는 아르바이트로 방송계에 입문했다. 녹화 날은 14시간 근무, 평소에는 오전 10시 출근해 퇴근은 정해지지 않은 삶이었다. 지금은 상상할 수 없는 일이지만 첫 월급은 백화점 상품권 50만 원으로 기억된다. 이를 현금화하기 위해 거래할 수 있는 명동으로 가는 시간만 손꼽아 기다렸다. 그 후에 급여 통장을 만들고 받은 첫 월급은 80만 원이었다. 지금으로 해석하면 노동착취에 가까웠을지도 모른다. 많은 선배들의 노력으로 계약서도 없던 방송가에 표준근로계약서가 생겼고 나라에서 지정한 최저임금에 맞춰 막내 작가의 페이가 설정되고 있다.

막내 작가를 거쳐 대본을 쓰게 되거나 자신이 코너 하나를 리드하게 될 경우 '입봉'했다고 표현하며 일명 서브 작가 반열에 오른다. 이때부터는 회당 페이가 설정되어 방송된 수만큼 주당 계산되어 페이를 받게 된다. 이때부터는 꾸준히 방송을 이어오면 일반 직장인들에 비해 높은 수익을 갖게 되는 것 같다. 해마다 연차가 높아질 때마다 작가료도 오르기 때문이다. 작가료는 3.3%의 세금을 제외하고 받게 되는데 받는 금액이 더 많다고 좋아할 것만은 아니다. 4대 고용보험의 혜택은 받을 수 없기 때문이다.

과거 프리랜서 작가로서 살아가는데 부당한 일이 더 많았다. 밤샘 작업으로 이어 온 프로그램이 하루아침에 폐지되어 일자리를 잃고 작가료도 받지 못한 경우, 다른 제작사 선정으로 팀이 교체된 경우, 제작사가 파업을 신청해 돈을 받지 못하는 경우 등 벌어진 일에 대응할 수 없이 받아들여야만 했다. 또 대부분 사람 간의 소개로 일자리를 얻게 되면서 고용자 입장인 피디와 제작사 대표의 눈치를 살피는 일이 흔해 부당한 일에 목소리를 내는 것도 애써 눈감아 피했다. 이 때문에 작가가 아닌 '잡가'라는 말도 생겨날 정도이다.

최근에는 방송 작가 노조가 출범해 우리 스스로 가치를 높여야지만 진정성 있는 방송을 만들 수 있다는 인식이 생겨났다. 또 계약서 없이 일하는 환경이 당연한 것이 아닌 노동환경 개선을 위해서 필수 작성을 내세운다. 표준근로계약서의 경우 방송 프로그램에 사용되는 방송 원고의 집필, 사용에 대한 합리적 권리관계를 명시한다. 이로 인해 방송사·제작사와 작가가 보다 질 좋은 방송을 만들기 위한 서로의 의무를 만들어 피해 보는 일을 줄여나가고 있다. 노동자로서 나의 권리를 보호하기 위해서 적극적으로 행동해야 한다고 조언하고 싶다.

Q4
프로그램이 결방될 경우
페이는 지급되나요?

결방되면 그 회차의 페이를 받지 못하는 것이 현실이다. 매주 이어지는 프로그램인 경우에도 그 주에 특별 편성 혹은 이슈가 생겨 결방하게 되면 일을 했더라도 임금은 대부분 못 받는다.

한 예로 올림픽을 들 수 있다. 올림픽이 시작되면 각 방송사에서 특집 프로그램을 편성하기 시작한다. 시차가 다른 나라에서 올림픽을 할 경우 업무가 고강도로 올라가는데 이때 특집 프로그램에 고용되면 각 스포츠의 결과를 매회 체크하고 하이라이트 모음, 경기 속 영웅들의 후일담을 긴급하게 하나의 코너로 만들어야 하는 임무가 있다. 장점이라고 하면 기존 방송 페이보다는 조금 높다는 것이다. 하지만 이 특집 프로그램 때문에 기존 프로그램에 고용된 제작진은 임금을 받지 못한다.

2021년 제32회 도쿄올림픽 때도 방송가에 그 어둠은 드러났다. 당시 민주노총서울본부 희망연대노동조합 방송스태프지부는 성명을 내고 방송사와 외주제작사들이 방송 스태프들이 임금을 받지 못하는 상황에 대책을 마련해야 한다고 촉구

한 바 있다. 올림픽 외에도 월드컵, 명절, 대선 등 특정한 상황
이 있으면 기존 편성한 방송을 유보하고 특별 편성으로 대체
한 후에 기존 프로그램 제작진들에게는 임금을 지급하지 않
는다. 결방했어도 다음 방송을 위해 업무를 해야 하는 상황에
서 방송가의 고질적인 '유노동 무임금'에 대해 많은 사람들이
목소리를 내고 있지만 아직 완벽하게 해결되지 않은 것이 현
실이다.

방송 작가의 남녀 비율은 어떻게 되나요?

방송가를 배경으로 하는 프로그램만 봐도 방송 작가는 '여자'만 등장한다. 실제로도 방송 작가 중 남성을 찾아보기는 희귀할 정도이다. 10명 중 9명이 여성에 가깝다. 실제 남성들이 직업을 기피하는 이유는 '생활 안정성' 때문이 아닐까 싶다.

아직 사회적으로 남자에게는 가장으로서 요구되는 역할이 있다. 그런 분위기 속에서 방송 작가 대부분 정직원이 아닌 반면 정직원보다 업무시간은 길고 연차와 휴가는 존재하지 않는다. 근로계약서, 4대 보험도 없는 노동의 사각지대이기 때문에 책임감이 막중한 남성이 방송 작가 직업을 선택한다는 건 쉽지 않다고 본다. 하지만 표준근로계약서, 임금인상, 처우 개선 등이 마련된다면 한쪽으로 치우쳐진 성비가 좁혀지지 않을까 싶다.

그 외에도 방송 작가의 일에서 가장 큰 부분을 차지하는 것이 사람 사이의 섬세함이다. 타인의 마음을 사로잡는 방송을 만들기까지 일의 능력도 중요하지만 사람 사이에 긴장감을 풀어주는 부드러움이 필요하다. 비교적 사고력과 현실감이 더 높은 남성보다 여성에게 유리한 업무 환경이기 때문에 대부분 여성 작가들이 주를 이루는 듯하다. 하지만 섬세함, 사고력, 현실감을 두루 갖춘 남성 작가들도 많아 이 경우 업무에서 두각을 드러내며 너도나도 같이 일하고 싶어하는 능력자로 통한다.

Q6

방송 작가에게도
휴가가 존재하나요?

일찍부터 방송 작가로서 일했기에 나의 머릿속에 자리한 근무환경은 방송계가 전부였다. 시간이 흘러 고등학교 동창생들이 한 명씩 사회생활을 시작하면서 그들로부터 '반차', '월차', '연차', '여름휴가', '공휴일', '샌드위치 휴일' 등의 낯선 언어를 접하게 됐다. 공교롭게도 방송 작가로 산다면 이 같은 환경은 기대하기 어려운 면이 더 많다. 휴가마저도 본인이 메인 작가가 아닌 이상 선택권은 없다. 단, 팀과 사람을 잘 만난다면 꿈꿔볼 순 있다. 대부분 메인 작가의 재량으로 팀이 휴일을 갖기도 한다.

하지만 이런 휴가가 존재하지 않는다고 해서 억울하다고 생각해본 적은 없다. 요즘은 프로그램이 시즌제를 거쳐 가며 과거처럼 몇 년을 이끌어가는 레귤러 프로그램을 만나기 어렵다. 이 때문에 한 시즌이 끝나고 조직이 해체되면 다음 프로그램에 들어갈 때까지 자신만의 시간이 생긴다. 누군가에게 반백수라고 보일 수 있지만 이 시간을 굉장히 똑똑하게 활용하는 작가들이 많다.

남들이 모두 쉬는 휴일에는 어디를 가도 사람이 몰리고 물가도 비싸다. 우리는 일과마저도 남들이 퇴근할 때 출근하기도 하고 출근할 때 퇴근하기도 한다. 성수기, 고물가 휴식 틈에 뛰어드는 것이 아닌 여유롭게 시간을 즐길 수 있는 장점이 있다. 하나의 프로그램이 끝나고 곧바로 다른 프로그램으로 넘어가지 않는다고 해서 경력단절 혹은 게으르다고 보는 사람은 없다. 그 시간을 다 이해하는 편이다. 코로나 이전에는 국내 혹은 해외 도시 어느 곳이든 자신이 가고 싶던 곳에 한 달혹은 세 달 정도 머무르며 장기 여행을 즐기는 작가들이 꽤 많았다. 특히 여행하며 자막, 프리뷰 아르바이트 등의 꿀 같은 기회를 잡으면 경제활동과 함께 나만의 시간을 듬뿍 즐길 수 있다.

Q7
작가가 작가에게
가장 많이 하는 말이 있나요?

"왜 작가가 되려고 해? 지금 당장 탈출해!"
"내가 너라면 지금 그만두고 다른 직업을 찾아볼래!"
"내가 널 아끼니까 말하는데 지금이 기회야 그만둬!"

막내 작가 때 모든 선배들이 돌아가면서 한마디씩 했던 말이
다. 다른 팀의 막내 작가와 이야기할 기회가 생기거나 동기들
과 마주하면 다들 이런 말을 들었다고 공감했다. 선배들이 이
처럼 이야기하는 것은 밤낮없이 일하고 보호받지 못하는 노
동환경, 퇴직금 혹은 상여금이 없는 시스템, 임금 체납, 존재
하지 않는 복지 시스템 등 여러 이유가 있을 것이다. 자신은
이미 늦었으니 이제 사회에 첫발을 디딘 막내라도 새로운 세
상을 살아가길 권유하는 이 걱정 섞인 말에 방송가를 떠나는
이도 있고 나처럼 끝까지 버티고 선 사람도 있다.

나는 자신의 직업을 최악의 직업군이라고 이야기하는 것이
도무지 이해가 안 갔다. 그 의구심 때문에 지금까지 방송 작
가로 살아가고 있는 것이 아닐까 하는 생각도 든다. 정말 사
람이 할 수 없는 상식 이하의 업무가 계속된다면 이 방송가
가 유지될 수 있을까 하는 생각도 들었다. 정말 사람이 할 수

없는 일인데 왜 저 선배는 10년 이상을 버티고 있고, 내 옆에 선배도 왜 눈물을 닦으며 밤샘 근무를 버텨내고 있을까 더 의아했다. 정말 사람이 못할 짓인지 직접 겪어보고 싶었다.

어느덧 선배가 되어 만나는 후배들에게 저 말은 절대 하지 않는다. 좋은 세계로 왔다는 환영 인사를 건넨다. 방송 작가로 살면서 느끼는 만족감이 더 크기 때문이다. 어느 직업이나 단점은 존재한다. 하지만 그 단점을 자꾸 말로 언급하다 보면 눈덩이처럼 자신의 불행만 커질 뿐이다. 누군가 또 저 불안정한 조언을 들어 방황하고 있다면 흔들리지 말고 오늘 이 순간 방송 작가라서 느낀 행복감을 더 떠올렸으면 한다. 분명 단점보다 장점이 더 많을 것이다.

방송국 사람들의
소울푸드는 무엇인가요?

"여기 밥은 주나요?"

열악한 제작환경에서 작가들이 면접을 볼 때 종종 나오는 질문이다. 보통의 사회인들이 들으면 저게 무슨 말인가 싶을 것이다. 아침부터 나와 밤을 새우는 것이 허다한 일이지만 식비를 지원하는 제작사는 흔하지 않다. 간혹 지원해주는 제작사를 만나면 방송 작가 구인공고에서 최상의 베네핏으로 식대 제공을 강조할 정도니 말이다.

식비가 제공되지 않을 경우 대부분 메인 작가 혹은 서브 작가가 사비로 후배들을 챙겨주는 경우가 많다. 또 자연스럽게 오후 출근을 선호하는 작가팀도 존재한다. 점심을 해결하고 출근하고 저녁 한 끼 정도를 같이 먹는 정도다. 끼니때가 정확하지 않고 모이는 시간이 애매하다 보니 모두가 분식, 간식류에 익숙하다. 1시 출근을 한다고 해도 자취생들의 경우는 잠을 더 자고 밥을 포기하고 온 경우가 허다하다. 그러면 자연스럽게 업무를 보던 중 배달 앱을 통해 떡볶이를 소환한다. 여럿이 모여 먹기 좋은 메뉴고 무엇보다 칼칼하고 매운맛은 업무에 지친 컨디션을 확 깨워준다.

사무실을 벗어난 녹화 날에는 모든 방송인이 단체 도시락을 먹고 있을 것이라고 예상할 수 있다. 4천 원대의 저렴한 가격에 메뉴 구성이 다양해서 스태프들의 주식으로 꼽힌다. 자주 먹다 보니 도시락 브랜드의 웬만한 시그니처 메뉴는 눈 감고도 떠올리고 자신만의 메뉴를 주장하는 경우도 생긴다. 간혹 현장에 밥차를 부르는 팀도 있지만 시간에 쫓겨 녹화하는 경우나 밥차를 세워둘 공간도 없는 곳은 도시락이나 김밥 한 줄 먹는 것도 황송하다. 단, 출연자들에게는 그중에서도 고급 메뉴나 다른 프리미엄 브랜드의 도시락이 준비되는 풍경도 자주 볼 수 있다.

드라마, 예능, 쇼교양, 웹 콘텐츠
작가 인터뷰

드라마 작가 _ 오승연 작가

19년 차 방송 작가로 MBC, KBS, JTBC의 아침 정보 프로그램은 물론 MBC 〈휴먼다큐 사람이 좋다〉, KBS 〈힐링다큐 나무야 나무야〉 등 사람들의 이야기를 다루는 다큐멘터리 프로그램부터 MBC 〈불만제로〉, KBS 〈소비자고발〉 등과 같은 고발 프로그램 등 다양한 프로그램을 기획했다. 현재는 드라마 작가로서의 꿈을 이루기 위해 드라마 제작사와 계약하고 원고를 집필하고 있다.

Q. 드라마 작가의 경우 아카데미를 수료하는 게 좋을까요?

방송 작가 일을 하면서 기초 연수 전문 아카데미를 수료했다. 아카데미의 큰 장점은 드라마에 대한 기초지식을 배울 수 있고 자신의 글을 함께 평가하고 논하며 조율할 능력을 훈련할 수 있다. 드라마는 창의적인 주제와 필력 외에도 여러 사람이 함께 움직이기 때문에 소통이 중요하다. 아카데미는 공통된 목적으로 모인 사람들을 손쉽게 만날 수 있기 때문에 이 안에서 방송 작가의 직업적 특성을 경험하는 것은 다음 단계의 준비를 하는 데 있어서 도움이 된다고 본다.

Q. 드라마 작가가 되기 위해 무엇을 준비했나요?

좋아하는 작가와 선호하는 장르의 드라마를 보며 스스로 필사했다. 또 필사본을 가지고 실제 작가의 대본과 비교해보며 무엇이 다른지 분석하고 공부했다. 좋아하는 드라마는 단순히 눈으로만 시청하는 게 아니라 그 드라마의 구조를 끊임없이 분석했다. 이 과정을 끊임없이 반복한 후 내 글에 대해 자신감이 생겨 단편 10편을 쓰겠다는 계획을 세웠다. 단, 이 과정에 있어서 조언하고 싶은 것은 사람마다 취향이 다 다르기 때문에 자신의 글을 평가받을 때 그 평에 좌지우지되지 말라고 말하고 싶다. 어떤 사람에게 좋은 글이 또 다른 사람에게는 나쁜 글이 될 때가 있다. 이보다 자신의 신념이 더 중요하다. 꾸준히 자신의 색깔을 찾아 글을 쓰는 것이 더 성숙한 작가로 가는 길이다.

Q. '이것만은 준비하라!'라고 조언한다면?

책을 읽고 뉴스를 보고 세상에 관심을 가져야 하는 건 어느 직업군이나 필요하다고 생각한다. 세상 돌아가는 일에 관심을 가져야 한다. 다만 작가를 하겠다고 마음먹었다면 주어진 정보를 그대로 받아들이지 말아야 한다. 세상 아래 새로운 것은 없다. 프로그램은 새롭지 않은 것을 어떤 새로운 시각으로 담아내느냐의 싸움이다. 그러기 위해서는 흔한 것도 흔하지 않게 볼 수 있는 안목이 필요하다.

최근 〈이상한 변호사 우영우〉 드라마가 큰 인기를 얻었다. 장애인을 대하는 시선을 달리 볼 수 있는 안목을 가졌기에 좋은 드라마가 탄생한 것이라고 본다. 자폐를 그저 장애로 받아들이지 않고 새로운 환경을 만들어서 '만약에'라는 질문을 더한 것이다. 매사에 질문하는 습관을 갖는 것이 필요하다. 남이 생각하는 그대로를 받아들이면 새로운 것을 만들기 쉽지 않다. '왜 그럴까?', '왜 그렇게 생각하게 됐을까?', '만약에 우리가 아는 게 전부가 아니라면?', '어떤 진실이 숨어 있을 수 있을까?', '만약 그 일이 없었다면?' 등 스스로에게 질문하여 나만의 답을 찾고 그 생각들을 꼭 기록하길 바란다. 그 기록이 작가로서 큰 자양분이 될 것이다.

예능 작가 _ 권혜수 작가

교양, 정보 프로그램을 시작으로 모든 장르를 경험한 후 예능에 자리를 잡은 케이스로 KBS 〈청춘FC〉, 〈작정하고 본방사수〉, JTBC 〈집밥의 여왕〉, SBS 〈오! 마이 웨딩〉을 담당했다. 한창 일이 몰려오던 시기에 돌연 뉴질랜드 생활을 선택한 그는 방송가를 떠나 타국에서 언어, 문화, 사회 등을 3년 정도 경험하고 다시 방송가로 돌아왔다.

Q. 예능 프로그램을 제작하며 가장 좋은 순간 혹은 힘들었던 순간이 있나요?

나는 여행과 사람을 좋아한다. 단순히 개인적인 성향이라고 생각했지만 이를 직업에 녹일 수 있다는 게 너무 짜릿하다. 예능을 선택한 이유도 내가 좋아하는 것을 실현할 수 있을 것 같아서다. 한 예로 여행 분야를 좋아하기 때문에 여행 관련 아이템을 맡은 적이 있다. 그 순간 누구보다 들떴고 때마침 즐겨 읽으며 좋아하던 여행 작가를 게스트로 섭외하게 되었다. 일을 떠나 개인적으로 성공한 덕후가 된 기분이었다. 이처럼 예능은 관심 있게 지켜보고 자주 들여다본 분야여서 일할 때 즐거운 마음이 들고 지금까지의 원동력이 되고 있다.

예능 작가는 막내 생활도 긴 편이다. 막내로 살아간 지 4년 차 때쯤, 여느 때와 다름없이 프로그램을 준비하고 있었는데 녹화 전날 프로그램 종영 소식을 들었다. 위에서 내려온 공지도 아니었고 동기를 통해 듣게 된 폐지 소식이었다. 반나절 만에 짐을 싸야 했고 쫓기듯 사무실을 나왔다. 몇 달을 그 프로그램에 매달려 열정을 쏟아부었지만, 그 노력한 시간은 어디에서도 보상받을 수 없었다. 일터가 사라졌으니 우리는 흩어져야 했다. 수많은 방송사, 프로그램이 있다고 해서 일자리가 넘쳐나고 환경이 더 좋아진 것은 아니다. 불완전한 방송 시장에 대해 뼈저리게 느낀 순간이었다.

Q. 개인적으로 꼽는 예능의 장점은 무엇인가요?

단점이자 장점이지만 예능 프로그램 대부분 시즌제로 제작되고 있다. 한 분야의 아이템을 다루고 또다시 정비해 새로운 분야 혹은 기존 분야를 더 깊이 있게 파고든다. 이 때문에 지루함 없이 프로그램만큼 작가들도 지식이 업그레이드된다. 즐거움을 큰 주제로 삼는 삶이기 때문에 팀 분위기 자체도 예능스럽다. 서로 아이디어를 주고받는 회의시간도 재미를 위주로 고려하기 때문에 즐거울 수밖에 없다. 프로그램만큼 제작진도 밝은 분위기를 주도하다 보니 일이 힘들어도 얼굴은 웃고 있다.

Q. 예능 작가를 지망한다면 꼭 갖춰야 할 것이 있나요?

어느 장르를 떠나 방송 작가라면 끈기는 필수인 것 같다. 그중 예능 작가에게는 항상 주위를 깊게 살피고 상황에 알맞게 대처하는 '센스'가 요구된다. 막내 때는 제작진 조직 내에서 눈치를 살피며 센스있는 행동이 팀 분위기를 좌우하는가 하면 연차가 쌓일수록 그 센스는 예측할 수 없는 상황에서 재미를 낳는다. 센스 능력을 키우기 위해 사람의 특징을 잘 살피고 그 팀의 분위기를 파악하는 것부터 시작해보자. 작가 지망생이라면 친구들 모임, 동아리 등에서 이를 실천해 보길 권한다.

쇼교양 작가 _ 한다혜 작가

뷰티 프로그램을 통해 건강과 아름다움을 전하며 이후 정보성이 더 짙은 건강 프로그램을 맡아 쇼교양 분야에서 활약하고 있다. 100세 시대인 만큼 건강한 삶에 대한 관심이 급증하면서 질병, 노화, 슈퍼푸드 등에 대한 키워드는 늘 관심의 대상이다. 방송 채널마다 이를 다룬 프로그램이 주를 잇는 가운데 MBN 〈엄지의 제왕〉, 〈알약방〉, TV조선 〈스위치〉 등을 담당했다.

Q. 쇼교양 프로그램이 무엇인가요?

쇼교양은 말 그대로 예능과 교양을 섞어 놓은 분야라고 생각하면 된다. 교양의 특화된 정보성은 살리되 딱딱하지 않고 재미 요소를 더해 시청자의 이목을 끄는 것이 포인트다. 예를 들어 SBS 〈꼬리에 꼬리를 무는 그날 이야기〉는 범죄, 사건 등 무거운 주제를 다루지만, 세 명의 이야기꾼이 서로 다른 시각에서 사건을 느낀 바 스토리텔링으로 꾸며 시청자에게 다양한 감정으로 몰입도를 더한다. 사건에 대한 이해도를 높이는 이 예능적 요소 방식은 교양과 예능의 경계를 허물고 새로운 시각을 선보이고 있다.

Q. 건강 프로그램이 증가하는 이유는 무엇일까요?

100세 시대가 현실이 되고 점점 고령화되어가는 사회 분위기로 건강에 대한 관심은 점차 급증했다. 하지만 세대를 아울러 모두 건강에 집중하게 된 결정적인 역할은 코로나19 바이러스다. 면역력 강화에 대한 인식이 늘어나 개인 스스로 건강을 위한 것이라면 귀 기울여 듣는다. 또 제약, 바이오 기업들도 설비투자, 제품 출시 등 건강기능식품 사업을 강화하면서 방송가 광고주 큰손으로 자리 잡은 것도 한몫한다.

Q. 건강 프로그램을 담당하며 보람된 순간이 있나요?

첫 건강 프로그램을 담당했을 때 가벼운 마음으로 임했다. 하지만 생각보다 매주 방영을 위한 고된 일정과 어려운 의학 내용을 다루니 늘 밤을 새우기 일쑤였다. 한 가지 주제를 두고 각 분야의 전문의, 교수님들의 다른 의견부터 양방, 한방 의사들의 의견이 대립하는 경우까지 조율하는 것도 어려웠다. 팩트만 놓고 본다면 정답은 정해져 있지만 서로 생각하는 방향이 다른 경우도 있기 때문에 이를 조절하는 것도 쉬운 일이 아니다.

또 전문의의 어려운 의학 용어를 시청자분들께 쉽게 풀어내는 것도 작가의 몫으로 제일 힘든 과제였다. 그래도 한 가지 주제를 깊이 공부하면서 탄생한 방송이 방영된 후 시청자들의 반응을 SNS, 포털사이트, 기사를 통해 확인할 때 누군가의 건강함에 일조하고 있다는 생각이 들어 지금까지 이 영역을 지켜오고 있는 것 같다.

웹 콘텐츠 작가 _ 이민지 작가

예능 프로그램으로 방송국에 입문하여 지금까지 다양한 프로그램 및 웹 콘텐츠를 구성하고 있다. 현재는 주로 웹 예능 콘텐츠(뷰티, 아이돌 리얼리티 등)를 담당하고 있으며 이 외에도 기업 브랜디드, 광고, 쇼교양 등 다양한 장르를 작업하고 있다.

Q. 웹 콘텐츠의 장단점은 무엇인가요?

B급 감성이되 저렴하지 않고, 누구나 불편하지 않게 웃을 수 있어야 하며, 너무 가공된 코미디가 들어간 것보단 출연자와 즉흥적인 상황 자체가 만들어내는 코믹함이 진짜 웃음을 만들어낸다고 생각한다. 이런 부분에서 웹 콘텐츠는 TV보다 언어 선택 등의 표현 범위가 좀 더 자유롭다. 영상 업로드 후 시청자들의 반응을 즉각적으로 확인할 수 있는 점도 장점이다. 댓글로 피드백을 받아볼 수 있어 다음 콘텐츠를 제작할 때 큰 도움이 된다. 현재 대중들이 원하는 콘텐츠와 트렌디한 주제를 파악해 빠르게 기획할 수 있는 것도 장점이다.

단점은, 10분이란 시간을 넘어가면 탈피(유입의 반대말)하는 시청자들이 많아진다. 10분 내 제작이 가장 좋은데, 그 시간 내 영상을 만들기 위해서 재밌는 그림만 뽑아내는 게 굉장히 힘들다. 하루 종일 촬영한 영상을 수십 번 돌려보며 꾹꾹 눌러 담는 과정을 지나 제작자 입장에서 버리기 아까운 그림도 버려야 하는 경우가 많다. 이 부분은 나중에 비하인드로 활용하거나, 쇼츠 콘텐츠로 활용해 재가공해서 내보내며 아쉬움을 달래기도 한다.

Q. 웹 콘텐츠 제작에 대한 만족도는 어느 정도인가요?

90% 정도 만족하는 것 같다. 나머지 10%는 아직 발전해야 할
문화와 환경이 있어서다. 웹 콘텐츠를 제작하며 만족도가 가장
크게 치솟는 세 순간이 있다. '성취감을 느끼는 순간', '노력이 빛
을 발하는 순간', '생소한 경험을 접하는 순간'이다.

정신적, 신체적으로 힘들어도 완성된 결과물을 보면 그간의
고생이 위로될 만큼 성취감이 엄청나다. 나에게 자기만족을
위한 많은 요인 중 가장 큰 요인이 성취감이다. 그리고 노력
한 만큼 나의 가치를 인정해주는 사람들도 많아진다. 노력이
빛을 발하는 순간이다. 동시에 콘텐츠를 기획하며 생소한 경
험을 할 때 만족스럽다.

결국, 내가 노력하는 만큼 존재 가치가 올라가고,
동시에 자존감도 올라간다. 이렇게 만들어진 프라
이드가 내 삶에 대한 만족도를 올려준다.

115

Part 3 콘텐츠 생산지

1   방송 콘텐츠의 기획 과정

I am a broadcasting writer

방송 작가는 기존 방송에 참여하는 것 외에도 기획 단계부터 참여하거나 기획만 담당하는 '기획 작가'라는 분야도 존재한다. 방송 기획에 능숙해지면 자연스레 사업, 아이템, 행사 등 다양한 분야의 기획을 하며 기획자로서 활동하는 경우도 많다. 방송 작가로 살았을 뿐인데 여러 직업을 들여다보고 참여할 수 있는 것은 엄청난 행운이다. 나는 오로지 몸으로 부딪혀 얻어냈다면 기획에 앞서 습관화하면 좋은 소스를 전달하고자 한다.

'긴말 필요 없이 한마디로!'

일상에서도 유난히 말 많은 사람이 있다. 안부 차 "잘 지냈어?" 질문 한 마디 건넸을 뿐인데 자신의 연대기를 읊어가며 긴 꼬리 물기식 답변을 쏟아낸다. 그런데 정작 그 말을 듣다 보면 그 사람이 무엇을 이야기하고 싶어 하는지 핵심을 알 수가 없다. 누군가를 설득하고 이해시키기 위해서는 간결하고 명료해야 한다. 하나의 이야기를 전달할 때 남을 설득하기 위해 말에 자꾸 가지가 늘어난다면 상대는 절대 이해할 수 없다. 실제 우리가 난감하거나 본인 스스로도 답을 모르는 질문을 받았을 때 인정하지 않고 둘러대다 보면 이말 저말을 가져다 붙이는 것처럼 말이다.

자신의 말과 글을 점검해야 한다. 타인에게 보여주고 들려줬을 때 무슨 말인지 알아듣지 못한다면 무언가 잘못된 것이다. 장황한 이야기를 한마디로 정리하는 습관을 갖도록 하자. 나는 사소한 대화에서 이를 응용했다. 물론 상대는 피곤할 수 있다. 타인의 말을 듣고 그 사람이 말하고자 하는 것을 계속 한마디로 정리해 되물었기 때문이다. "이 말이지?"라고 말이다.

그래도 한마디로 간결하게 잘 정리하는 습관을 가지면 글로 정리한 기획안을 말로 설명해야 할 때 어려움이 없다. 짧은 문장, 간결한 말 안에 의미를 내포하기 위해 노력하다 보면 구성안을 쓰거나 타이틀을 만들 때도 유용하게 쓰인다. 또 기획안을 토대로 프로그램에 필요한 사람, 장소, 전문가 등을 섭외할 때도 설득력이 더해져 성공률을 높인다. 결국, 한마디로 정리해 말하는 습관 하나가 기획자로서도 작가로서도 쓸모 있는 사람으로 만들어 줄 것이다.

Q1
방송 프로그램은
어떻게 탄생하나요?

프로그램 하나가 시청자에 닿을 때까지 여러 제작 과정을 거친다. 크게 세 가지로 나눌 수 있는데 '사전 제작단계pre-produc-tion', '제작단계production', '사후 제작단계post-production'이다.

사전 제작단계는 프로그램 기획 단계로 어떤 포맷을 가지고 이야기를 이끌고 갈 것인지에 대해 아이디어를 숙성시키고 기획서를 작성한다. 이후 프로그램 구성을 위해 자료조사 및 섭외가 이루어진다. 이 단계에서는 작가팀만이 아닌 연출자들과 함께 방송 방향에 대해 협의한다. 이후 촬영 큐시트, 카메라, 스태프 세팅이 끝나면 촬영 및 녹화로 제작단계에 참여한다. 야외 녹화의 경우 큐시트에 공을 많이 들이는 편이다. 큐시트에 적힌 진행 사항에 따라 촬영이 들어가기 때문이다. 프로그램에 따라 야외촬영만 진행하는 경우도 있고, 야외촬영을 먼저 하고 스튜디오 녹화를 추가로 하는 경우도 있다.

본격 제작단계에 앞서서는 여러 리허설을 거친다. 녹화 전에는 카메라를 사용하지 않는 드라이 리허설dry rehearsal을 진행한다. 이후 카메라, 조명, 음향 장비를 다 갖춘 상태에서 전체 진행을 해보는 카메라 리허설camera rehearsal, 모든 제작 요소를 다

갖추고 출연자들도 완전 풀 세팅된 상태에서 녹화 때와 똑같이 해보는 드레스 리허설dress rehearsal을 진행한다. 이 과정을 거쳐도 문제가 발생하기에 리허설은 필수이다.

촬영이 끝나면 편집 과정이 기다린다. 이 과정이 사후 제작단계이다. 카메라로 담은 촬영본을 백업해 최상의 그림을 골라내고 이를 연결하여 재구성한다. 연출자가 하는 마지막 중요 단계. 이때 작가는 그림에 맞는 내레이션 더빙 원고와 자막 작업을 한다. 연출자는 그림에 맞는 오디오, 영상효과, 음향효과, 배경음악, 자막 등을 삽입한다. 작업을 마치면 채널에 편집본을 전달, '납품'했다는 표현을 쓰는데 이 과정을 끝으로 비로소 시청자에게 송출될 수 있다. 이처럼 하나의 프로그램에 무수히 많은 시선과 손길이 닿는다.

Q2
콘텐츠 기획에는
어떤 분야가 있나요?

'이제는 콘텐츠 시대다'라는 슬로건에 전 세계가 응답한다. 그만큼 시장도 확대되었다. 콘텐츠 기획이 어디까지 손을 뻗고 있는지 미리 알아둔다면 단순 방송 프로그램 작가 외에도 자신의 꿈을 더 폭넓게 꿈꿔보고 도전할 수 있을 거라 본다.

먼저 기존의 방송영상 콘텐츠로 드라마, 예능, 쇼오락, 다큐멘터리 기획이 있다. 나아가 지적재산권IP 의 사업성을 인정받아 더 확대되고 있는 것이 바로 포맷 콘텐츠다. 포맷 콘텐츠 기획에 대해서도 관심도가 높아진 것은 K콘텐츠 포맷이 산업화되고 있기 때문이다. 과거 아시아에만 머물렀던 우리 포맷 수출은 미국, 유럽 등으로 퍼져나가고 있다. 2013년 방송사 수출액은 1%에 불과했지만 2016년 기준으로는 16%까지 급증했다. 한 예로 가요계의 전설들을 현시대의 가수가 재해석해 무대를 만드는 KBS〈불후의 명곡〉은 영국 방송사 TLC를 통해 〈ICONIC〉이라는 제목으로 재탄생하여 방영되었고 큰 성공을 거뒀다. 이 외에도 직업과 나이, 노래 실력을 숨기고 얼굴과 몇 가지 단서만으로 실력자인지 음치인지 가리는 Mnet의 〈너의 목소리가 보여〉는 2020년 기준 15개국에 포맷을 수출해 전 세계적으로 700회 이상의 에피소드를 선보였다. 그야말로 콘텐츠 시장에서 포맷은 더 이상 국경이 없다.

또 콘텐츠의 길이는 더 짧고 빨라지고 있다. 이 환경이 낳은 것이 숏폼 콘텐츠다. 짧은 시간 안에 메시지를 전하는 웹드라마, 웹예능 등 다양한 장르의 기획도 등장하고 있다. 이 외에도 OTT에 특화된 콘텐츠, 신기술AR, XR, AI 등을 기반으로 하여 제작하는 기획물까지 콘텐츠의 산업은 깊고 넓어지고 있다.

기획안은
어떻게 작성하나요?

하나의 사업체를 운영하는 데 있어서도 타인에게 회사를 알리기 위해서 혹은 투자를 받기 위해 사업기획안을 작성한다. 모든 일의 시작이듯 방송 역시 그러하다. 방송제작 처음에 반드시 있어야 하는 것이 곧 기획안이다. 이를 통해 프로그램의 의미, 말하고자 하는 메시지를 전달해 자본과 인력이 동원된다.

결국, 남을 설득하기 위한 장치다. 하지만 아무리 세상을 울리고 웃길 좋은 소재가 있어도 도무지 이해할 수 없는 말을 나열한 기획안은 의미가 없다. 반드시 메시지가 분명해야 하고 사실에 근거한 구체적인 내용을 담아야 한다. 프로그램 기획에 앞서 제작진은 아이템, 타깃, 제작방법, 구성에 대해 논의하고 작업에 들어간다. 가장 쉽게 접근하는 방법은 '누가, 언제, 어디서, 무엇을, 왜, 어떻게'의 논리로 기획안을 작성하는 것이다. 그다음 간결하게 메시지를 전하는 기획의도, 이를 잘 풀어낼 구성방식, 이 구성을 잘 녹여낼 수 있는 가상 캐릭터 섭외안, 시청 타깃층과 방송시간대 등 어필 요소를 담아 완성도를 높인다. 이 과정에서 내용에 잘 맞는 기획안 타이틀을 선정하는 것도 제작진의 몫이다.

기획안의 용도는 프로그램 출연자를 섭외하는 용도, 채널 편성을 받기 위해 방송국이 보는 용도, 프로그램 제작비 투자를 위해 PPL사에게 러브콜을 보내는 용도로 나뉜다. 보는 사람에 맞게 내용을 세분화하는 것도 작가가 담당하게 된다.

Q4
기획안이 중요한
이유가 있나요?

기획안은 프로그램의 이력서나 다름없다. 어떤 아이템과 어느 출연진을 통해 무슨 이야기를 다룰지 소개한다. 또 이를 어떻게 만들어갈지 그 형태와 형식에 대해서도 내포하고 있다. 방송가에서는 개편을 앞두고, PPL사에서는 주력상품의 마케팅 시점에 맞추어 프로그램 기획안을 검토한다. 이들을 사로잡아야만 론칭까지 가는 길이 잘 다듬어진다. 방송가는 자신의 집을 내어주는 것이고 PPL사는 자신의 재물 창고를 열어주는 것이니 추상적인 내용은 삼가야 한다. 어떤 이야기를 할지 명확해야 하고 한 회로 끝나는 것이 아닌 지속성을 가진 포맷과 구성을 갖추었음을 어필해야 한다. 이미 비슷한 아이템의 프로그램이 많이 나온 경우에는 그중에서도 차별성을 부여해 매력을 극대화한다. 이렇게 기획안 단계부터 구체적으로 잘 짜인 프로그램일수록 상대에게 신뢰를 줄 수 있기에 대충 할 수 없는 작업이다.

또한, 요즘은 기획안이 곧 자신의 자산으로 인정받아 사업화할 수 있는 환경도 많이 조성되고 있다. K콘텐츠의 위상이 높아지면서 2022년 문화체육관광부는 한국콘텐츠진흥원과 함께 '2022 대한민국 방송영상 콘텐츠 기획개발' 공모전을 열었다. 일반·온라인동영상 서비스OTT 플랫폼 및 국제영화제 연계 등 그 유형도 다양하며 20억 원을 투자하여 드라마, 예능, 교양, 다큐멘터리 등 총 90편을 선정해 제작·유통까지 지원한다고 선언했다. 이는 중소제작사의 우수한 기획안들이 빛을 보지 못하거나 혹은 지식재산권IP를 빼앗기는 일이 잦은 콘텐츠 업계에서, 국가의 안정적인 지원으로 콘텐츠 시장 내 수익성의 장기화를 기대할 수 있는 부분이다. 이처럼 중소제작사 혹은 방송 제작진들에게는 더 많은 기회의 창구가 열리고 있다.

기획안을 작성한다고 해서 모두 실현되지는 않지만 작가로서 여러 기획안을 작성하다 보면 분명 수많은 기회가 나를 찾아올 것이다. 또, 프로그램을 소개하는 기획안인 만큼 작성할수록 남을 설득하는 능력, 타인을 사로잡는 능력에 특화되어 어떤 일이든 시작하는 것에 능숙해질 것이다.

기획 시, 좋은 아이템을
찾는 기술이 있나요?

팬데믹 이후, 해외여행과 실내 활동에 많은 제약이 생기면서
테니스, 골프 등 중년 취미의 전유물로 여겨지던 스포츠가 젊
은 세대의 관심을 관통했다. 과거 골프 프로그램은 늘 재미없
고 기본 레슨만 가르쳐주던 것에 머물렀다면, 이제는 채널마
다 앞다퉈 골프예능 프로그램을 내놓았다.

나 역시 MBC every1 채널을 통해 〈천재지골〉이라는 프로그
램을 론칭한 바 있다. 골프에 관심 있는 사람들은 볼거리가
아주 많아졌다. 기존 골프 채널 외에도 프로골퍼, 방송인들이
유튜브를 통해 골프 개인방송을 하면서 이미 두터운 팬층을
확보한 상황이었다. 나에게 요구되는 과제는 다른 채널의 프
로그램과 차별화되면서 우리만 가진 재료로 예능 프로그램의
특성을 살리는 것이었다. 제작진 역시 재미가 있으면서 정보
도 놓치지 않는 아이템을 찾는 데 가장 공을 들였다. 이때 좋
은 아이템을 찾는 것이 곧 프로그램의 존폐위기를 결정한다.

좋은 아이템을 찾기 위해서는 새로운 정보, 공감을 얻는 정
보를 가짐과 동시에 이를 재미요소로 전달하기 위해 고민해
야 한다. 또 출연자만 재미있는 것이 아닌 보는 이도 재미있

게 만들어야 한다. 이러한 아이템을 찾기 위해서는 자료 수집이 제일 큰 재산이다. 이때는 엉덩이가 무거운 작가일수록 수확률이 높다. 각종 매체, 관련 전문가들의 콘텐츠, 해당 아이템에 대한 직접 경험 등 이 시간만큼은 자신의 삶이 아이템과 관련된 것 위주로 돌아가야 한다. 이 방대한 자료를 팀원들이 이해하기 쉽게끔 세분화하여 정리하는 것도 중요하다.

과거 한 인플루언서와 방송을 한 적이 있다. 사전 인터뷰에서 자신이 인플루언서로서 사랑받는 이유에 대해 이렇게 설명했다. "저는 셀카나 반려동물 사진은 되도록 안 올려요. 그건 우리 가족만 궁금해할 테니까요." 이 말에 힌트가 있다. 아이템을 찾기에 앞서 작가의 마음가짐 자체가 내가 주인공이 아닌 시청자가 되어 즐거워해야 한다. 시청자로서 보고 싶은 것에 초점을 맞추어 보자. 그럼 평소 눈에 보이지 않던 이야깃거리도 아이템으로 보일 것이다.

Q6
캐스팅도 방송 작가가
직접 하나요?

아이템 선정 후 기획안 작업이 완료되면 사전 취재를 통해 구성을 구체화한다. 이후 장소, 출연진, 소품 등 제작에 있어 필요한 모든 것을 작가가 담당하여 섭외한다. 과거에는 연출자가 섭외를 담당하는 경우가 많았으나 요즘은 섭외는 당연히 작가의 몫이 되었다. 섭외는 작가의 중요한 업무이다. 섭외에 실패하면 프로그램이 엎어지는 경우가 생겨날 만큼 프로그램을 좌우하기 때문이다.

섭외는 곧 시청자들을 한자리에 모이게 만들고 이슈를 생산한다. 한 예로, 연예인 매니저의 시점에서 방송가를 엿보는 MBC 〈전지적 참견시점〉 41회에서는 영화배우 정우성의 영화 시사회 및 식사에 초대받은 이영자와의 이야기가 다루어졌다. 닐슨 수도권 가구 시청률 15%라는 높은 시청률을 기록해 이목을 집중시켰고, 무엇보다 동시간대 토요일 예능 프로그램 중 시청률 1위를 차지하고 2주 연속 자체 최고 시청률을 경신한 수치로 '섭외의 힘'을 과시했다.

아무리 기획이 잘된 프로그램이라고 해도 이를 표현해낼 출연자 섭외가 틀어질 경우 산으로 가는 경우가 많다. 또 진행되고 있는 프로그램의 뒷심이 떨어질 때쯤 뉴페이스 혹은 새로운 캐릭터를 발굴하여 섭외해 프로그램을 심폐소생 한다고 말하기도 한다. 대부분의 핵심 섭외는 서브 작가 때 가장 많이 경험하게 되는데 한 작가의 능력으로 판단하는 기준으로 볼 만큼 타인을 설득하는 섭외의 능력은 어느 작가에게나 꼭 중요한 기술이다.

Q7
기획이 실현되는데
얼마나 걸리나요?

방송계에서 '기획'이라는 말은 참 달고도 쓰다. 기획에 들어 갔다는 것만으로도 프로그램이 방영된다는 희망을 품을 수 도 있지만 엎어지는 경우도 허다하기 때문이다. 그 이유는 가 지각색이다. 제작비 문제, 편성 문제, 섭외의 부재, PPL이 붙 지 않은 경우, 출연진 간 스케줄 조율이 안 되는 경우, 촬영지 의 이슈 등 안 되려고 하면 안 될 이유는 너무도 많다. 이 모 든 것을 고려해야 하기에 기획이 실현되는 기간도 천차만별 이다.

반대로 아이템이 쉽게 결정되고 사회의 이슈 시기와 잘 맞아 서 빠르게 속도를 내어 한 달 만에 촬영에 들어가는 경우도 있다. 이 때문에 기획팀에서 러브콜을 받았거나 기획 작가의 제안을 받았을 때 항상 안 될 것에 대비하는 마음가짐이 있어 야 그다음을 대비할 수 있다.

Q8
녹화시간은
얼마나 걸리나요?

아웃시간이 정해진 프로그램이 아니고서야 오늘의 녹화가 얼마나 걸릴지는 아무도 예상할 수 없다. 스튜디오에서 가볍게 토크만 하는 경우에도 기본 3시간 이상 소요된다. 대부분 주간 프로그램을 진행할 때 스태프, 출연진, 장소 대여까지 모든 움직임이 돈이다. 이 때문에 2주 단위로 한 번 녹화를 하고 방송 2회분을 촬영한다. 그러니 끝은 더 알 수 없다.

녹화 전부터 제작진은 바쁘다. 작가들의 경우 대본, 큐시트가 완성되면 출연자들에게 전송하고 유선을 통해 출연자가 이해하기 쉽게 1차로 설명을 한다. 해당 녹화에 필요한 의상 콘셉트도 톤이 일치할 수 있게 전달한다. 큐시트와 소품 리스트를 통해 녹화 당일 필요한 소품들을 방송 당일까지 체크하는 경우가 허다하다. 요즘 대부분 스튜디오 방송은 출연자 앞에 모니터를 배치하고 대본을 녹화 흐름에 맞춰 제시해 멘트 가이드 역할을 한다. 15년 전만 해도 전지에 50페이지 분량의 대본을 그대로 옮겨 적었던 때와는 달리 조금 편해졌지만 이도 쉽지 않다. 또 녹화장에 가져갈 대본을 제작진용, 기술스태프용, 출연자용으로 분류하고 각 출연자의 멘트에 밑줄 치는 일도 필수다.

녹화시간 기준 2시간 전에는 모든 제작진이 현장에 도착한다. 피디들은 카메라 세팅, 녹화가 진행되는 현장에 대한 컨디션을 체크한다. 리허설 진행 전까지 출연자들이 현장에 다 도착하고 준비하는 것까지 안내하는 건 작가의 몫이다. 그리고 다 함께 모여 대본 리딩을 진행하고 당일 녹화의 포인트를 전달한다. 자리 배치도에 맞춰 출연진이 착석하면 카메라 테스트 및 간단한 리허설을 거친다. 녹화가 진행되면 작가들은 컴퓨터 앞에서 프롬포터를 관리하는 역할, 소품을 전달하는 역할, 현장 프리뷰 역할, 현장 진행 역할을 분배해 자신의 포지션에서 녹화를 진행한다. 현장 진행을 할 때는 대본, 스케치북을 들고 카메라 밑에 앉아 적재적소에 필요한 멘트, 리액션 혹은 놓치고 있는 부분을 끊임없이 출연자에게 신호를 보내며 소통한다. 어느 하나 긴장을 늦출 수 없다. 한 회분의 녹화가 끝나면 짧은 쉬는 시간 동안 서둘러 배를 채우고 다음 녹화 준비에 바쁘다. 다시 한번 똑같은 업무 일정이 반복된다. 보통 하루의 절반 이상을 녹화장에서 보내는 경우가 많다.

녹화가 끝난 후에도 출연자들은 퇴근하지만 제작진들은 뒷정리는 물론 당일 녹화에 대한 피드백을 주고받는다. 또 곧바로 촬영분을 변환하여 편집과 자막 작업 시기를 정하고 해산한다. 이 때문에 촬영이 끝나도 충분하게 휴식을 취할 수 있는 제작진은 없을 것이다. 일반적으로 8시간 정도의 녹화시간을 가져 체력적으로는 힘이 든다. 하지만 녹화를 끝마치고 나면 밀려오는 성취감이 있다. 모두가 하나의 목표를 가지고 머리를 맞대고 모여 앉아 페이퍼로 정리하던 것들이 완성되고 있다는 느낌이 든다.

2

방송 콘텐츠의
구성 스킬

방송 작가 지망생들을 마주할 때마다 방송 프로그램, 웹 콘텐츠 등 가능한 많이 보라고 말한다. 실제 방송만큼 좋은 수업 자료는 없다. 나도 여전히 그 훈련을 반복적으로 하려고 노력하고 있다.

저녁 정보 프로그램을 예로 들자면, 지상파 3사에서는 6시 동시간대에 방송을 한다. 대부분 음식, 건강, 여행지 등을 다루는데 트렌드를 쫓다 보니 아이템은 비슷하다. 구성만 다를 뿐이다. 예를 들어 가을은 전어의 계절이다. 전어 하나를 소개하는데 K사는 전어 맛집이 존재하는 지역의 택시 운전사가 직접 식당을 안내한다. S사는 전어의 효능을 전문의가 등장해 어필하며 전어로 여러 가지 음식을 만들어 먹으며 입맛을 자극한다. M사는 전어 수확 현장에 가서 생생한 어부들의 모습을 담고 땀 흘려 수확한 전어를 가지고 어부들만의 레시피로 맛있게 먹는 방법을 소개한다. 이렇듯 같지만 다르다.

이 특징을 읽고 다른 프로그램을 시청할 준비가 되었다면 오프닝부터 눈여겨보자. 첫 번째 코너를 리드하는 진행자의 멘트는 분명 궁금증을 자극할 것이다. 어떤 말로 그 아이템을

추천하는지 체크하는 것이다. 혹은 코너 없이 하나의 아이템
으로 이어지는 예능 프로그램의 경우 좌측에 위치한 타이틀
자막을 통해 바뀌는 상황을 체크하며 영상을 들여다보는 게
좋다. 출연자들에게 가상 세계관을 미션으로, 아이템을 게임
으로 이용한 장치 등 다양한 구성의 기술들을 엿볼 수 있다.

익숙해지면 시청할 때마다 진행자의 멘트, 멘트 속 숨은 뜻
을 강조하는 자막, 재미를 자극하는 자막, 감정을 끌어올리는
음악, 팩트를 담은 타이틀 등 다양한 그림들이 한눈에 들어올
것이다. 이것에 익숙해진다면 방송가에 입문했을 때 능숙하
게 방송 언어들을 이해하고 방송 작가로서 자료조사, 아이템
리스트, 구성안, 큐시트, 예고 작성 등의 업무를 맡게 될 때도
당황하지 않고 수행할 수 있는 좋은 시너지가 될 것이다.

Q1
출연진 캐스팅의
보이지 않는 기술이 있나요?

개인적으로 관심과 노력이라고 생각한다. 기획 단계에서부터 그 이야기가 명확하면 여기에 어울리는 사람이 당연하게 떠오르는 경우가 많다. 몇 해 전 한 뷰티 프로그램을 제작하면서 당시에만 해도 '이 제품 여배우 누가 쓴다는데, 나도 써볼까?'가 통하던 시절이었다. 그래서 이 프로그램을 끌고 갈 메인 MC는 나이, 성별과 상관없이 워너비로 꼽을 사람이 필요했다. 여러 리스트 중에 이 사람은 꼭 섭외하고 싶다는 인물이 있었다. 그녀에 대해 온 작가가 신경을 곤두세우고 정보를 모으기 시작했다. 데뷔 작품, 이슈, 거쳐온 광고, 지인, 소셜미디어를 통해 알려진 취미까지 말이다.

그 후, 섭외 기획안을 보내고 첫 미팅을 가졌다. 신사동의 카페에서 그녀를 만나 바로 기획안을 꺼내 들진 않았다. 자연스럽게 그녀의 근황을 물었다. 그리고 그녀의 취미인 '러닝'에 대한 관심사를 드러냈는데 이날을 위해 학교 다닐 때 체력장 외 뛰어본 적 없는 내가 그녀를 만나기까지 끊임없이 러닝 연습을 했다. 취미의 대화 주제는 곧 그 자리를 말랑말랑하게 만들었고 상대도 내게 관심을 보이기 시작했다. 그리고 자연스럽게 프로그램 기획안을 꺼내 들고 왜 이 프로그램을 만들었는지, 말하고자 하는 내용이 무엇인지 등 그녀가 꼭 필요한 이유에 대해 눈을 반짝이며 이야기했다. 나 또한 브라운관에서만 접하던 그녀를 마주하며 긴장되었지만 초반에 취미를 나누며 편안해진 분위기만큼 자신 있게 내가 하고자 하는 이야기를 할 수 있었다. 미팅이 끝나갈 무렵 그녀는 함께하자는 제안을 받아들였다.

그리고 프로그램 첫 촬영날 전까지 적극적으로 그녀에게 어필해 함께 뛰었고 그 외의 시간에는 프로그램의 진행 과정에 대해 대화를 나눴다. 점차 한 팀이 되어가며 우리의 기획에 그녀의 아이디어도 더해지기 시작했다. 파일럿 프로그램으로 편성되었으나 그녀의 적극성 때문에 정규편성되어 시즌2까지 진행하게 되었으며 이후에도 그녀와 어울리는 프로그램에는 적극적으로 제안해 함께하며 서로에게 힘이 되고 있다. 일로 만난 사이이지만 서로를 이해하는 사이가 되어 평범하지 않은 방송 세계를 나누는 둘도 없는 지인이 된 것이다.

어떤 프로그램이든 캐스팅은 피할 수 없는 부분이다. 무작정 내 목적성만 갖고 제안하다 보면 섭외에 승낙할지라도 정말 대본 그대로의 일만 하고 헤어지는 경우가 다반사다. 나의 지원군이자 파트너라는 생각으로 그들에게 관심을 보이고 끊임없이 소통하고자 노력한다면 그 프로그램 이후에 또 다른 도전에서도 좋은 조력자가 될 수 있다. 나에게 그녀처럼 말이다.

방송 작가에게 좋은 출연자와
나쁜 출연자가 있나요?

방송 작가에게 좋은 출연자는 방송 전, 대본에 대해 충분히
이해하고 촬영에 임하는 출연자다. 내가 그동안 만난 출연진
중 가장 감탄했던 경우는 프로그램 섭외 단계부터 프로그램
에 대한 이해도가 높고 대본을 전달받았을 때 본인의 멘트 외
에도 타인의 멘트에서 작가가 내포한 의미를 정확히 캐치한
경우였다. 촬영 전 대본 리딩을 통해 오늘 촬영에 대한 내용
을 전달하지만 사전에 대본을 숙지하고 온 경우와 아닌 경우
는 촬영이 시작될 때부터 확연하게 느껴진다. 그날 촬영의 핵
심을 파악한 방송인은 제작진이 놓친 부분에 대해서도 현장
에서 즉흥적으로 더 다양한 그림을 뽑아내 준다. 그 순간은
감탄의 연속이다. 더 좋은 멘트가 나오길 원하며 카메라 밑
에서 스케치북에 키워드만 적어도 멀리서 그걸 캐치해 풍부
한 멘트와 리액션을 쏟아낼 때면 함께 연주하는 기분이다. 반
대로 오늘 하루 녹화로 한 회 페이를 받고 끝내자는 마인드로
촬영장에 온 경우는 아무리 대본으로 가이드라인을 설정해도
녹화 내용이 산으로 가게 된다. 또 피디들이 편집할 때 쓸 그
림과 멘트가 없다는 하소연이 이어져 나온다.

작가라면 출연진을 케어할 줄 알아야 한다. 보통 작가들은 출

연 방송인을 한 명씩 담당하게 된다. 프로그램과 출연자 사이의 중요한 연결고리 역할을 한다. 방송인 당사자 외에도 그들의 스태프들에게도 방송의 핵심 포인트를 상세하게 전달해 줄 필요가 있다. 또한, 촬영 중간중간에도 그들이 좋은 멘트를 할 수 있게끔 이끌어 주는 것도 필요하다. 보통 이를 스트레스로 여기는 경우도 있는데 나는 개인적으로 케어하는 역할에 만족감을 느낀다. 내가 얼마나 마음을 열고 대본의 의도를 전하고자 했는지에 따라 출연자들이 방송을 대하는 태도가 달라지기 때문이다. 대부분 좋은 출연자와 나쁜 출연자가 만들어지는 건 소통에서부터 시작된다고 본다.

Q3

구성안을 잘 쓰는
방법이 있을까요?

막내 작가 때 입봉이 너무 하고 싶었다. 촬영 내용을 그대로 옮겨 적으며 프리뷰하는 나와는 다르게 새로운 형태로 구성해나가는 선배들이 너무 부러웠다. 막내라는 꼬리표를 지우고 싶은 마음만 앞선 탓일까 직속 선배부터 그 위, 더 위까지 작성한 구성안을 컨펌받을 때면 수정 또 수정이었다.

선배의 코너 보조 구성안만 쓰다가 진짜 내 코너를 담당하게 된 건 4년 차쯤이었다. 그때 당시 팀장님은 코너별 아이템이 확정되면 일반 제작팀과 다르게 숙제를 내주었다. 해당 아이템으로 무슨 이야기를 할 것인지 한 장으로 정리해오라는 것이다. 아이템을 완성하기까지 섭외부터 할 일이 태산인데 그 숙제는 늘 숨이 막혔다. 오히려 여러 그림을 만들어내는 구성안보다 압축하여 한 장으로 정리하려다 보니 더 어려웠다. 한 장짜리 구성안은 아이템에 대해 여러 조사를 한 후 한 줄 겨우 써나갈 수 있었다. 이 아이템을 다루게 된 이유, 가장 이야기하고 싶은 것, 이 이야기를 표현해줄 수 있는 최적의 전문가는 물론, 누구나 공감할 수 있는 정보까지 갖추어야 했고 이야기 소구점이 달라질 때마다 소제목도 넣어야 했다.

시간이 흘러 그 시절 휴식시간을 쪼개어 또 일을 만드는 것 같던 그 무거운 짐이 이제는 습관이 되었다. 지금은 누구도 내게 한 장 구성안 숙제를 요청하지 않지만 습관처럼 써나가고 있다. 이야기의 큰 줄기를 만들고 타이틀까지 뽑아내고 나면 잘 보이지 않던 것도 더 잘 드러난다. 또 추가적으로 자료 조사, 섭외를 이어나가면서 이야기의 목적이 흔들리지 않고 딴길로 새는 것도 방지해준다. 누군가 지금 구성안 앞에서 방황하고 있다면 꼭 이 방법을 써보길 바란다.

한 장 구성안 예시

아이템: '비건 화장품 열풍'

1#. 화장품 채식(타이틀)
 – 먹는 채식&바르는 채식의 차이점

2#. 비건 화장품에 열광하는 이유
 – 기존 화장품의 무차별한 동물실험, 동물성 원료 사용의 문제점(전문가 인터뷰)
 – 팬데믹 이후 환경 오염에 대한 시각 변화(화장품 폐기물 조사 내용)

3#. 비건의 오명 '비건이라 망설여져요'
 – 비건 화장품을 통해 피부 면역력을 높인 사례
 – 기능이 부족할 것이라고 생각하는 비건 색조로 메이크업하는 방법(메이크업 아티스트 섭외)

4#. 뷰티의 자연 순환
 – 식물성 화장품이 만들어지는 과정(브랜드 섭외 및 방문하여 촬영, 실제 원료부터 친환경적으로 기르며 윤리적인 시각으로 생산하는 곳이 늘어나고 있음을 소개)
 – 플라스틱 용기에서 벗어나 종이패키지, 유리병패키지, 재활용 플라스틱으로 재탄생하는 업계의 흐름

구성안을 쓸 때
꼭 염두에 두어야 할 것이 있나요?

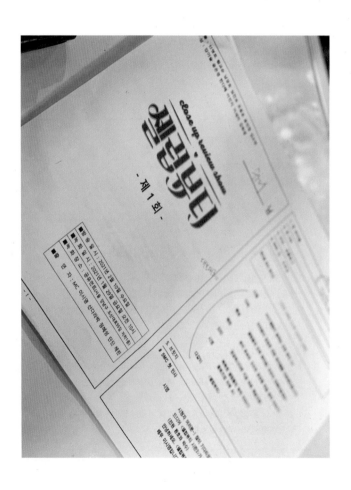

구성안을 쓸 때 여러 상황에 놓인다. 코너가 세분화되어 한 코너만 맡았을 경우, 50분을 쪼개어 나눈 경우, VCR만 담당한 경우 등이다. 한 아이템으로 방송을 준비할 때 작가들은 수집된 자료와 정보를 놓고 어떻게 윤곽을 만들어나갈 것인지 작업하게 된다. 이 과정이 구성안의 시작이다. 구성안은 내용, 순서, 출연자의 멘트, 오디오, 아이템, 소품 등 어떤 사람이 보아도 무엇을 이야기하고 있고 어떤 순서로 가야 하는지 한눈에 알아볼 수 있는 도표식의 문서다. 자신이 맡은 구성안의 길이가 짧고 길고를 떠나서 기승전결을 잊지 않는 것이 중요하다. 구성안에서는 주제를 구체화하고 소재를 효과적으로 이끌어야 한다. 하지만 이를 여러 장치를 더해 써내려가면서 말하고자 하던 주제와 다른 방향으로 가는 경우가 있다. 가장 큰 주제와 소주제를 세우고 내용을 뻗어 나가면 혼란은 없을 것이다.

또 가장 염두에 두어야 할 것은 자기 주관이다. 작가팀 모두가 함께 구성안을 완성하는 과정에 있지만 본인이 맡은 바에 있어서 자신의 주관을 잃지 않는 것이 중요하다. 바로 위 선배에게 대본을 확인받고 수정하는 것에 익숙해져서 구성안의 주인이 선배라고 여기는 오류가 생기는 경우도 있다. 구성안은 시청자를 위한 것이지 선배를 위한 것이 아니다. 단 한 사람만을 고려한 구성안은 결국 그 순간만 모면할 뿐 다음 구성안을 작성할 때 스스로 필력을 잃게 된다. 선배의 조언은 참고하되 자신의 방향성을 잃지 않는 것은 고집이 아닌 책임감이라고 본다.

Q5
방송에 필요한 소품도
신경 써야 하나요?

스튜디오 예능 프로그램이 나의 첫 프로그램이었다. 작가가 되면 컴퓨터 앞에 앉아 글을 쓰는 일이 전부일 줄 알았다. 하지만 막내 때 가장 많이 했던 일은 선배들이 원고를 쓰는데 필요한 자료를 방대하다는 말이 어울릴 정도로 조사하는 것과 소품을 준비하는 것이었다. 물론 프로그램 규모가 클 경우 연출팀의 조연출과 함께 준비하는 경우도 있지만 어느 소품이 필요하고 어떤 것을 구해야 하는 지 등 구체적인 것은 대부분 작가의 손을 거칠 수밖에 없다.

막내 시절, 가장 곤욕을 치른 선배의 미션이 있었다. 녹화시간 2시간 전, 260 사이즈의 빨간 하이힐을 찾아오라는 것이었다. 여성의 춤선을 가진 남자 출연자를 더 화려하게 돋보이게 하고자 구두가 필요했던 것이다. 등촌동 SBS 스튜디오에서 뛰쳐나와 강서구의 모든 신발가게와 마트는 다 뒤지고 다닌 듯하다. 그 간절함이 닿았는지 녹화 20분 전 가까스로 빨간 구두를 찾아냈다. 당시 미션을 수행했는지 묻는 독촉 전화에 빨간 구두만큼 내 얼굴이 달아올랐던 기억이 있다.

촬영장까지 소품을 가져오는 것만으로 일이 끝나지 않는다.

1박 2일간의 일정을 담는 프로그램을 할 때였다. 손으로 빚은 식기에 자연식을 직접 만들어 먹는 것이 구성의 일부였는데 참고를 위해 장인이 만든 솥 냄비, 도자기 식기를 찾아 세팅해 놓았다. 또한, 요리에 필요한 작은 조미료부터 채소까지 준비해 주방을 채웠다.

이처럼 작가가 소품을 준비한다는 것은 단순 사다 놓는 것으로 끝나는 것이 아니라, 촬영 시작과 동시에 출연진이 바로 움직일 수 있도록 모든 것을 갖춰놓아야 한다. 또한, 촬영 도중 급하게 필요한 것이 생기거나 부족한 것이 생기면 즉각적으로 대응해야 한다. 촬영장에서 없어서 못한다거나 구할 수 없다는 말은 통하지 않는다. 준비된 소품으로 촬영 내용이 잘 담기지 않는 경우에는 이를 대비한 대안도 마련해야 한다. 촬영이 다 끝난 후에는 정리와 소품 반납 등 마지막까지 완성하는 것까지 작가의 일이다.

방송 작가도
편집에 참여하나요?

I am a broadcasting writer

촬영을 마쳤다고 작가의 본분이 끝나는 것이 아니다. 방송 프로그램이 제대로 메이크업을 하는 '편집'이라는 후반 제작 과정이 기다리고 있기 때문이다. 이 과정을 거쳐야만 비로소 시청자에게 방송할 수 있는 제작물이 완성된다.

후반 제작은 야외 혹은 스튜디오 녹화를 통해 얻은 촬영물 중 가장 최상의 컷만을 골라내고 삭제, 삽입, 연결, 순서를 도치하는 방식으로 가편집을 마친 후 색보정실에서 영상 보정, 종합편집실에서 영상 및 음향 마스터링 작업을 수행하는 과정이다. 이 과정 전체를 리드하는 사람은 연출자 즉, 피디로서 영향력이 크다. 하지만 프로그램을 통해 의도한 바가 가장 잘 드러난 컷을 찾아내고 완성도 있게 만들기 위해서는 작가, 피디의 합이 중요하다.

모든 것은 철저히 스케줄에 맞춰 돌아간다. 시간에 맞춰 작업물의 완성도를 높이기 위해 전체 촬영본을 작가가 프리뷰하고 기존 구성안에 맞추어 큰 틀을 짠 뒤 전체적인 내용과 순서를 명시한 편집구성안을 작성하는 경우도 있다. 이를 바탕으로 피디와 협의하고 수정하여 1차 편집이 완료되면 최종적

으로 시간에 맞춰 삭제, 삽입, 보완, 대체하여 파이널 컷팅Final Cutting 을 하게 된다. 이때 작가는 내레이션 대본의 내용과 길이, 연출자가 의도한 내용을 잘 전달할 자막에 대해 고민하는 것이 좋다. 이 과정이 끝나면 연출자가 효과, 음악을 의뢰하는 동안 작가들은 내레이션 더빙 대본과 자막 작업을 하게 된다.

Q7
자막 작업은
어떻게 하나요?

자막은 화면을 통해 시청자가 읽을 수 있도록 쓰이는 간결한 글이다. 자막을 통해 재미, 감동을 더하는가 하면 정보를 더 깊이 있게 전달하는 용도로 쓰인다. 대략 8초 사이에 나타났다 사라지는 이 작은 문장의 힘은 방송을 풍성하게 만든다.

자막 작업은 다양한 형태가 있다. 영상 컷을 편집하며 피디가 직접 하는 경우, 1차 편집 중 피디가 자신의 의도를 간략하게 표시해 작가팀에게 넘겨주는 경우, 피디와 작가가 함께 작업하는 경우, 1차 편집본을 함께 본 후 작가가 전적으로 쓰는 경우다. 나의 경우는 작가가 100% 쓰는 프로그램에 더 많이 몸담았다.

자막 작업에 앞서 영상디자인팀에서 피디와 의견을 나눠 프로그램 성격에 맞는 자막 디자인을 뽑는다. 이 형식을 공유해 주면 작가들은 편집본을 바탕으로 그 틀에 맞추어 자막을 쓰게 된다. 좋은 자막은 길지 않고 해당 장면을 이해하기 쉽게 설명하는 것이다. 말자막 외에 출연자의 말을 그대로 옮겨 적는 것은 좋지 않다. 내레이션 외에 이 그림에서 숨겨진 뜻, 강조하고자 하는 정보를 드러내어 감동과 재미를 더 극대화하는 효과를 내야 한다.

대표적인 자막 틀에는 다음과 같은 용어가 쓰인다. '좌상단', '상황자막', '보조자막', '말자막', '정보자막', '보조자막', '재미자막', '꾸밈', '의태어', '의성어' 등이다. 흰 빈 문서 위로 영상을 보면서 대략 6~8초 텀으로 자막을 작성한다. 가장 많이 쓰이는 게 좌상단 자막이다. 왼쪽에 고정된 타이틀로 방금 채널을 돌린 시청자도 이 프로그램이 무엇인지 어떤 이야기를 하고 있는지를 확인할 수 있다.

상황자막은 현재 보고 있는 장면에서 의미하는 바를 정리해 준다. 한편으로 대화를 이어가거나 개인 인터뷰일 경우에도 말을 그대로 옮겨 적지 않고 상황자막으로 대체하는 경우가 많다. 긴말보다 그 말이 내포하고 있는 의미를 한 번 더 강조해 상황을 보조한다. 재미를 살리거나 강조하고 싶은 부분을 간략하게 표시하되 작가의 의도를 더 전달하고 싶을 때는 작가 메모 혹은 보조자막을 더하는 경우도 있다. 재미자막은 평범한 상황인데도 자막 하나로 재미를 더해주는 에너지가 있다. 이때 주로 효과, 꾸밈, 의성어, 의태어 등을 활용하는 경우가 많다.

자막 작업의 담당 여부는 프로그램 분위기에 따라 다르다. 하지만 방송 작가가 되기로 결심했다면 자막으로부터 자유로워질 일은 없을 것이다. 피디가 직접 자막을 쓰는 프로그램이라고 해도 결국 같이 검수하고 체크해야 한다. 또 대본이나 촬영에서 미처 살리지 못한 장면들을 다시 한번 되살리는 작업이기 때문에 어쩌면 방송 완성의 마침표다. 자막에 대한 두려움이 있다면 많은 프로그램을 모니터링하는 것이 가장 중요하다. 많이 본 만큼 자막 쓰는 속도가 달라진다.

Q8
내레이션을
잘 쓰는 방법이 있나요?

내레이션 작업은 스튜디오나 현장에서 출연자들이 프로그램을 이끌어갈 그들의 말을 대본으로 쓰는 것을 말한다. 입봉했을 때 종합편성 프로그램에 참여해 내가 맡은 코너의 촬영구성안, 스튜디오 원고, 내레이션 원고까지 모두 소화해야 했다. 10분 분량의 짧은 코너였지만 한 문장을 쓰고 더 나아가기 어려웠고 피디가 붙여놓은 그림 속에서 8초간의 시간 동안 어떤 내레이션을 넣어야 할지 막막했다. 그때 한 선배가 "내레이션은 눈에 보이지 않는 의미를 찾아주는 작업이야"라는 조언을 해주었고, 지금까지 내레이션 작업을 할 때마다 자신감을 주고 있다.

KBS 〈생생정보통〉을 예로 들어보자. 뜨거운 더위에 오른 기온만큼 불쾌지수도 상승한다. 이때 더위를 이겨낼 별미 '전복 삼계탕'을 소개하는 코너다. 스튜디오에서는 연일 계속되는 무더위를 이야기하며 이를 확실히 잡을 수 있는 비법을 안내한다고 코너를 소개한다. 유명한 식당 앞에 줄지어 선 사람들이 그 집이 곧 맛집임을 증명하고 "너무 맛있어요!", "힘이 불끈불끈 솟아요!"를 외치는 장면을 시작으로 이후 연출자는 다른 식당과 차별화되는 것에 집요하게 파고든다. 이내 주인장은 그 비법을 쫓는 연출자에게 비밀병기를 공개한다. 이때 더 상황을 쫄깃하고 감칠맛 나게 하는 것이 바로 내레이션이다. 만약 그 비법이 육수를 내는 견과류, 우족이었다면 화면에 그것이 보일 것이다. 이때 내레이션에서 "견과류와 우족이군요!"라고 표현하면 이미 시청자는 화면으로 보고 있는 것을 또 설명하는 내레이션이 지루해지기 마련이다. 오히려 "48시간 깊이 있게 끓여 끈적한 우족 육수에 비타민B군이 풍부한 견과류가 더해지면서 전문가들이 말하는 궁합이 좋은 음식으로 탄생한다"라고 말하면 그 집의 비법이 더 풍성하게 보인다.

또 다른 예로 한 다큐멘터리 프로그램에서 장수한 부부의 일상을 취재한다고 해보자. 아침마다 정성스레 숭늉을 만들어 나누어 먹는 노부부에 모습에 "매일 아침마다 노부부는 숭늉을 먹는다. 매일 먹어도 질리지 않는 그 맛"의 내레이션은 좋지 않은 예라고 본다. 이미 눈에 보이는 장면이지 않은가. "할머니 손에서 퍼 올려지는 국자 사이로 뜨거운 수증기가 퍼지고 이내 웃음기가 있는 얼굴이 드러난다. 오늘 아침도 그렇게 미소를 담았다"라는 말이 보는 이로 하여금 여러 감정을 불러일으킨다. 이처럼 내레이션은 보이는 것에서 더 나아가 숨겨진 또 다른 모습을 발견하는 데 의미를 두어야 한다.

PPL 방송은
좋은 방송이 아닌가요?

PPL은 'Product Placement'의 약자로 간접광고를 뜻한다. 영화, 드라마, 예능 콘텐츠에 특정 제품을 삽입하는 형태 혹은 영상 매체 속에 자연스럽게 상품을 배치하는 것이다. '다 된 밥상에 PPL 뿌리기', 'PPL로 범벅된 콘텐츠' 등의 비판적인 시각도 존재한다. 소비자의 반감을 사기도 하지만 방송제작에 있어서 PPL을 무시할 수도 없다.

채널, 모바일 플랫폼 등이 늘어나면서 콘텐츠 시장은 단순 광고 CF를 틀어주는 비용으로 돌아가기엔 너무 몸짓이 커졌다. 대부분의 방송은 브랜드사의 하나의 마케팅 수단으로서 PPL 비용으로 제작비를 충당하고 있다. 이 때문에 방송이 현존하기 위해서는 PPL은 필수가 되어간다고 해도 과언이 아니다. 제작자들은 PPL이 있어도 얼마나 좋은 결과물의 콘텐츠를 생산할 것인가에 대한 고민이 요구된다. 또 이는 곧 콘텐츠 제작자의 경쟁력이 되기도 한다.

2019년 한국방송광고진흥공사에서 실시한 소비자행태조사 MCR 결과에 의하면 간접광고를 통해 제품브랜드 인지, 이미지 개선에 높은 영향을 미쳤다고 한다. 또한 소비자의 제품

구매단계에서 브랜드 인지, 브랜드 호감 형성에 높은 효과를 보였다. 단순히 브랜드의 존재 여부를 알리는 것만이 아니라 브랜드 이미지를 만드는데 효과적인 수단이기 때문에 브랜드 사에 있어서도 PPL은 멈출 수 없는 마케팅 중 하나다.

과거 PPL 광고임을 숨기고 마치 그들이 진짜 사용하는 제품처럼 방송한 것이 들통나면서 '뒷광고' 논란이 큰 문제가 된 바 있다. 그 뒤로 이를 가장 잘 활용하는 장르 중 하나가 예능 프로그램이다. 광고를 잘 활용한 덕에 '앞광고'라는 말이 생겨나기도 했다. 공영방송에서 처음으로 노골적인 PPL을 선보인 예능 프로그램은 MBC의 〈무한도전〉이다. 토토가 프로젝트를 할 때 여러 브랜드에서 제작지원을 받아 콘서트장 세트를 지었는데, 그 장면의 자막이 눈길을 끌었다. '음료수로 지은 무대', '떡볶이로 만든 조명'으로 표기하는가 하면 출연진들은 이 음료와 떡볶이를 대놓고 먹으며 제품의 장점을 극찬했다. 재치있는 이 방법은 시청자에게 오히려 웃음을 자아내 좋은 PPL의 예로 꼽히고 있다.

실제 내가 제작한 프로그램에서 자외선차단제가 PPL로 들어온 적이 있었다. 야외 수중 활동 중 자연스럽게 자외선차단제를 바르며 '안전한 선크림'임이 잘 드러나는 것이 브랜드사의 요구였다. PPL을 진행하며 알게 된 정보는 지금은 거의 생산이 되고 있지 않지만 과거 자외선차단제엔 옥시벤존, 옥티노세이트, 부틸파라벤, 4-MBC 등의 화학물질이 다량 포함되었다고 한다. 이는 산호유충을 파괴하고 번식을 방해하며 백화현상을 일으켜 일부 관광이 성행하는 나라에서는 선크림

바르는 것을 금지하기도 했다. 여기에 힌트를 얻어 나와 바다가 안전한 자외선차단제가 필요하다는 정보를 퀴즈를 통해 전달하고 잘 흡수될 수 있게 바르는 방법까지 담아냈다.

이처럼 PPL은 프로그램 기획 단계에서 주제가 되는 내용은 아니더라도 콘텐츠를 이뤄가는 하나의 수단이 된다. 또한, 콘텐츠를 저해하고 시청을 방해하는 요소가 아니라 오히려 살면서 몰랐던 정보를 인식하게 하는 힘이 있어 이를 잘 활용하는 것도 방송 작가의 구성 스킬이라고 본다.

3

콘텐츠 속
방송 작가

자기 전, 일출 시간에 맞춰 알람을 맞춘다. 알람음이 방안을 채우기 전에 이불 속에서 나온다. 가장 먼저 미지근한 물을 충분히 마신다. 유산균을 털어넣고 또 한 잔을 마시며 배꼽을 중심으로 부드럽게 복부 마사지를 한다. 곧장 신호가 온다. 말끔히 씻고 아로마 오일을 손바닥에 흡수시켜 피부의 열로 목, 겨드랑이, 무릎 뒤 등 림프절을 찾아 흡수시킨다. 몸에 열을 낼 요가, 트래킹, 웨이트 등 한 가지를 실천하기 위해 운동복을 입고 나선다. 나의 고정된 일과이다.

누군가는 나의 일상을 들여다보며 MBTI로 비유하자면 대문자 J에 가깝다고 혀를 내두른다. 하지만 나는 제법 규칙이 있는 내 삶이 좋다. 보통 방송 일이 밤늦게까지 이어질 때가 많아 오전 시간은 오로지 내 개인을 위해서 쓸 수 있다. 이때 건강한 삶을 위해 하나씩 루틴화하고 있는데 어떤 것에 호기심을 갖고 방법을 찾으려고 하는 것은 방송 작가의 직업병이 아닐까도 싶다. 그렇게 얻은 정보는 항상 일상에서 실천한다. 직접 해보고 확신이 들면 남에게 전달할 때 자신감이 차오른다.

오직 개인적인 이유로 건강한 삶, 늙지 않기 위해 행동했던 것이 정보화되면서 일할 때도 요긴하게 쓰인다. 이 목적에는 뷰티가 존재하고 뷰티 방송 작가로 계속 살아갈 수 있는 원동력이 되었다. 건강해지고 싶어 자연에 가까워지고 먹는 것도 가볍게 바꿨다. 이는 나뿐만 아니라 현대인들의 욕구이기도 하다. 이 주제를 다룬 방송이나 콘텐츠를 제작하는 일이 생기면 어떤 내용을 담아야 하는지, 어떤 전문가에게 조언을 구해야 하는지 대부분 경험했기 때문에 머리가 빨리 돌아간다.

결국, 방송 작가로 오래 살아남기 위해서는 자신이 가장 흥미로운 키워드를 찾아야 한다. 또 글로 출연자들에게 미션을 주는 것에 그치지 않고 자신의 삶에서도 끊임없이 실험해 봐야 한다. '평범한 일상이자 지극히 개인적인 것인데'라고 치부하지 않아도 된다. 우리는 일상을 그림으로 담는 일이 아니던가! 자신의 일상이 어떤 콘텐츠로 나아가 오래오래 이 작업을 이어갈 수 있을지 거침없이 실천해 보길 바란다.

Q1
장수하는 프로그램의
비결은 무엇일까요?

어릴 적 아침에 학교 갈 준비를 하며 밥상에서 듣던 방송의 시그널 노래는 여전히 향수를 자극한다. 당시엔 한 귀로 흘려들으며 시선도 고정하지 않던 프로그램이었지만 점점 나이가 더해갈수록 가까이 두게 된다. 그중 2022년 기준 KBS1 〈아침마당〉, 〈6시 내 고향〉은 1991년을 시작으로 방송한 지 31년을 맞이했다. 그들이 현존하는 이유는 다양하다.

먼저, 〈아침마당〉은 오래된 프로그램이라고 해서 과거에 머물지 않고 트렌드에 맞춰서 코너의 포맷도 변화한다. 실제 지금의 트로트 열풍이 일어나기까지 그 시작을 발굴해낸 것도 〈아침마당〉이다. 또한, 섭외의 다양성도 눈에 띈다. 매일 다양한 코너에 맞춰 수십 명의 인물이 등장한다. 이야기 소재를 가진 일반인부터 유명인까지 경계가 없다. 이 자유로운 무대는 새로운 시도의 장도 마련한다. 가수 박진영과 비가 듀엣 앨범을 처음 선보인 것도 이곳이고 다양한 연령대를 흡수할 새로운 캐릭터로 변신했던 유산슬유재석의 부캐, 다미 이모김신영부캐도 이 무대에 오른 바 있다. 음악, 가족, 건강, 삶의 성공기 등 다양한 사람들의 삶의 이야기를 전하는 것은 지루함이 아니라 그 시대의 이야기를 쌓아가고 있는 것으로 보인다.

〈6시 내 고향〉은 전국 사람 사는 곳에 모두 찾아간다. 특히 몇 년 사이에는 개그맨, 탤런트 등이 리포터로 등장하며 새로운 형식으로 고향을 소개하고 소통을 위한 SNS 활동도 활발하게 하고 있다. 이와 같은 행보에 시청 연령대가 낮아진 것도 눈길을 끈다. 나와 비슷한 이야기를 다뤄 누구나 흥미를 갖게 되었기 때문이다. 이러한 공감대 형성이 가장 큰 장수 비결이라고 본다.

TV 프로그램뿐만 아니라 라디오 프로그램 중 SBS 〈두시탈출 컬투쇼〉는 2006년 5월에 시작하여 지금까지 사랑받고 있는 오래된 장수 프로그램이자 간판 프로그램으로 꼽힌다. 특히 방송 특성상 진행하기 어려운 라이브 공개 방송을 여전히 그들은 매주 월요일부터 목요일까지 총 4일에 걸쳐 진행하고 있다. 현장에서 직접 청취자와 소통하는 노력의 끈을 놓지 않는 것이 사랑받는 비결로 꼽히기도 한다. 또한, 이 프로그램의 매력은 다른 이들의 여러 사연을 개그맨들의 입담에 더 찰지게 전해 듣는 것이다. 소재가 고갈되지 않는 것도 소통한 덕분이다. 여전히 홈페이지를 통해 청취자들을 초대하고 생방송 중에 격의 없이 그들과 대화한다.

세 프로그램의 공통점은 시청자에게 일방적으로 메시지만 전달하지 않는다. 보는 사람 모두가 주인공이 될 수 있는 장을 열어두고 공감하며 소통하는 것이 장수의 큰 힘이라고 볼 수 있다.

'공감'과 '소통'을 위해 제작한
프로그램이 있나요?

방송 작가로 생활하면서 잘못 짚었던 부분이 있다. 나의 주관, 관심을 떠나 남이 시키는 것, 남이 정해준 것, 남의 생각이 가장 중요하다고 여겼던 것이다. 타인에 의지해 방송 작가로 살면서 선배 작가의 다음 프로그램에 나를 데려가 줬으면 하는 마음으로 보이지 않는 미래를 설계했다. 그 허황된 것에서 벗어나 내가 주체가 되었을 때 비로소 좋아하고 관심 있는 것에 공을 들였다.

'뷰티'에 관심이 있어 여러 뷰티 프로그램을 제작했다. 다양한 화장품, 뷰티 습관 등을 다뤄왔는데 그 끝은 모두 '건강하게 오래 젊음을 유지하는 것'의 메시지를 담고 있었다. 이것은 어떤 인위적인 것에 도움을 받는 것보다 자신의 습관 성형에서 시작된다는 것을 한참 후에야 알았다. 그래서 운동, 식이요법, 화학적인 화장품을 덜 바르는 것까지 직접 내가 경험하고 느끼며 배워갔다. 이렇게 얻어진 건강함은 즉각적인 효과가 있진 않아도 느리지만 단단하게 다가왔다.

이 이야기를 꼭 전하며 시청자들과 공감하고 소통하고 싶었다. 좋은 기회에 누군가 만들고 싶은 프로그램이 있는지 물어

왔고, 나는 고민 없이 "진짜 아름다움은 자연에 가까워지는 거더라고. 단 며칠만 해봐도 알 텐데 그걸 꼭 전하고 싶어. 출연자들을 데리고 무작정 촌에 가보는 거지"라고 말했다. 그렇게 탄생한 것이 MBC every1 〈뷰티, 촌에 가다〉였다. 걸그룹 카라의 박규리, 개그우먼 김지민, 박소영, 모델 송해나가 울창한 숲에 둘러싸인 한옥에 모였다. 이들은 평소 인스턴트 음식에 익숙했고 화장품을 많이 덧바르는 습관을 갖고 있었다. 하지만 이곳에서는 화학성분이 든 화장품, 플라스틱 용기, 일회용품, 인스턴트 식품은 존재하지 않는다. 스스로 얻어야 하는 자연물만 존재했다. 그리고 이들에게 티칭하는 자연식 전문가로 내가 등장한다.

내가 경험한 이야기를 남의 입이 아닌 스스로 전할 기회였다. 누구보다 그 분야에 대해 자신 있었고 오랫동안 알아온 출연자들 덕분에 촬영은 수월하게 진행됐다. 우리가 수확한 농작물로 밥을 짓고 스킨케어도 자연물 그대로 흡수하며 2일을 보낸 후의 변화는 컸다. 실제 제작진의 눈에 보이고 출연자들이 체감하는 그 가벼움이 화면에 고스란히 담겼다. 뷰티 프로그램은 PPL 제품들을 출연자들이 마치 자신이 구입해서 오랫동안 사용해온 것처럼 포장해 광고 메시지를 줄줄이 읽는 것이 다반사다. 물론 이 부분도 제품에 대해 호기심이 있는 사람들에게 정보를 줄 수 있지만 제작자로서는 광고의 한계에 점점 흥미를 잃을 수 있다.

이 프로그램은 있는 그대로 몸소 경험했던 것들을 토대로 시청자들에게 전달하며 출연자, 시청자 모두 개인의 삶에 녹이는 방법을 제시하고자 했다. 가짜 뷰티가 아닌 직접 경험하는 모습으로 올바른 뷰티에 대해서 전할 수 있어서 작가로서 다시 한번 직업에 만족감을 느끼며 또 다른 콘텐츠로 나아가는 힘을 줬던 프로그램이기도 하다. 또 당시 '자연', '식물성 화장품', '유기농 면 생리대' 등을 다룰 때 모두가 인정하진 않았다. 하지만 점차 환경 문제에 대한 인식이 변화되면서 곧이어 비건 화장품, 클린 뷰티 등이 트렌드로 자리 잡기 시작했다. 이를 다루는 방송 프로그램도 늘어나고 있다. 그 시작점에 〈뷰티, 촌에 가다〉가 있다는 게 뿌듯하다.

Q3
창의성을 위해
어떤 노력을 하고 있나요?

사람들의 말을 모으고 그 말을 전달하는 방송 작가의 직업을 갖고 있어서 주변에 영상 콘텐츠가 많이 포진되어있다. 하지만 오히려 말이 없는 그림 한 점이 주는 영감이 더 크다는 것을 어느 날 문득 깨달았다. 프로그램에 꼭 맞는 사람을 찾고, 그 사람을 통해 소리 낼 말을 쓰는 과정에 전혀 관련 없어 보이는 미술 그림이 창의력에 힌트를 준다는 것이 여전히 흥미롭다.

나는 그림에 소질이 있거나 미술에 대한 지식이 높은 것은 아니다. 그래서 처음에 그런 사람만이 누릴 수 있는 세계 같아서 미술관을 멀리하기도 했다. 현대미술은 설치미술부터 사진, 기술 매체에 기반한 예술작품 디지털 미디어아트 등으로 확대되고 있어 어렵지 않고 친근하게 다가갈 수 있었다. 생각을 바꾸게 된 가장 큰 계기는 SNS를 통해 활발하게 소통하는 데이비드 슈리글리의 전시회에 다녀온 후부터였다. 그의 작품은 단순하고 명료하다. 그의 인터뷰 중 자신의 작품만큼은 답을 정해놓지 않고 궁금증과 호기심을 갖고 바라보며 스스로 정답을 찾길 바란다는 이야기를 했다.

이미 내놓은 해석과 강조하는 메시지가 많은 작품보다 자유로운 신진 작가들의 작품에서 많은 영감을 얻게 되는 이유다. 하나의 주제를 가지고 그의 생각도 읽고 나라면 어떻게 표현했을까를 상상하게 한다. 그래서 작품을 감상할 때 가장 겸손해지고 다시 일터로 돌아가면 더 많은 생각의 에너지를 품는 것을 매번 느끼고 있다. 개인적으로 대중이 소비하는 콘텐츠도 예술의 한 부분이라고 생각한다. 가장 순수한 예술을 추구하는 작가들의 작품 속에서 자유로운 해석들로 자신의 창의력을 키워갈 수 있을 거라고 본다.

Q4

TV 방송과 웹 방송은
많이 다른가요?

가장 큰 차이점은 TV 방송은 소수보다 다수를 겨냥하며 정해진 러닝타임이 존재하고 길며 엄격한 심의 기준이 따른다. 웹 방송은 채널 성격에 따라 시청자의 세분화가 가능하고 짧게는 5분, 길게는 2시간 이상까지 '스낵 컬처'를 선호하는 요즘 세대의 성향에 따라 맞춤 제작을 하고 있다. 또한, 광고 제한이 TV 방송보다 자유로워 PPL에 대해 적극적이고 또 다른 수익모델을 확보하고 있는 상황이다.

그런 의미에서 TV 방송만 생각하고 있는 이들에게 '요즘 TV 보는 사람이 없는데 TV 방송에만 몰두해야 할까?'라는 질문을 하고 싶다. 요즘 시청자들은 코드 커터족Cord Cutters 이라 말한다. 코드cord 로 연결된 것을 끊는다는 의미로 기존의 TV 방송 서비스를 이용하지 않고 인터넷 등으로 방송을 보는 소비자를 뜻한다. 이들은 과거 방송사가 정해둔 편성표에 맞춰 TV 앞에서 기다리는 것이 아닌 자신의 상황에 맞게 영상을 고르고 재생하며 콘텐츠를 소비하는 것에 익숙하다. 이로 인해 나타난 것이 넷플릭스, 왓챠플레이, 유튜브, 웨이브, 티빙 등 콘텐츠를 쪼개어 언제든지 볼 수 있는 OTTOver The Top 서비스다. 새로 나온 콘텐츠들을 취향에 맞게 볼 수 있다는 장점도 있지만 과거 자신이 즐겨보던 프로그램도 쉽게 찾아볼 수 있는 환경이 레트로 열풍과 맞닿아 중장년층의 만족도도 높이고 있다.

또 한 가지 영향을 주는 것은 바로 큰 손들의 움직임이다. 즉 콘텐츠를 생산할 수 있게 하는 광고와 콘텐츠 판매 수익이 모바일 쪽으로 몰렸기 때문이다. 한 예로 방송통신위원회 '2015 회계연도 방송사업자 재산 상황'에 의하면 전체 방송광고 시장에서 지상파의 비중은 2006년 75.8%에서 2015년 55.0%로 하락했다. 그들도 이런 선택을 할 수밖에 없는 것이 간접광고 규제에 유연하며 배너 광고, 커머스 연결 등 수익 창출의 연결고리가 웹 콘텐츠에는 많이 존재한다. 또한 TV 광고에 비해 광고비도 현저히 낮아 대기업 외에도 중소기업들이 광고에 대해 거부감 없이 참여할 수 있다.

이러한 흐름에 3사 방송사도 기존 채널에서 선 방송을 하고 후 방송으로 웹 플랫폼을 활용해 심의로부터 자유로운 콘텐츠를 재생산한다. 가장 보수적인 KBS도 9시 뉴스를 방영하며 유튜브 채널에서는 9시에서 다뤄진 이슈를 생활 속 상식으로 기억할 수 있도록 짧은 정보 방식으로 제작해 다양한 연령대에 호응을 얻고 있다. 두 방송 모두 제작해보며 어느 것이 더 좋고 나쁘다 하는 건 없으며 오히려 현실을 직시하며 채널 성격에 따라 자신의 능력을 변모할 수 있는 자세를 갖춰야 한다고 본다.

Q5
방송 외 다양한 콘텐츠를
구성할 수 있나요?

이 질문에 가장 큰 목소리로 "YES!"라고 답하고 싶다. 최근 뉴미디어 플랫폼이 발달하고 확산하면서 굵직한 방송계도 웹으로 뻗어 나가고 있다. 또한, 방송가를 먹여 살리던 크고 작은 기업들도 손쉽게 자신만의 채널을 개설하고 내부에 제작팀을 꾸려 스스로 콘텐츠의 주인이 되고 있다. 이 모든 제작 과정에 빠질 수 없는 것이 방송 작가다. 콘텐츠를 제작하고 싶어 하는 곳에는 우리의 손길이 꼭 필요하다. 방송 프로그램뿐만 아니라 제품을 잘 보여줘야 하는 짧은 영상의 제작 과정에서도 말이다.

최근 강의를 하면서 청소년들을 만날 때면 놀라운 것이 어떤 정보를 얻고자 할 때 검색 플랫폼을 이용한 텍스트 정보보다 SNS를 이용해 영상으로부터 얻는 게 훨씬 쉽다고 말한다. 또 휴대폰 내 검색 플랫폼 앱을 갖고 있지 않은 학생들이 더 많았다. 이런 환경에 따라 기업들도 많이 변화했다. 청소기를 판매할 때 보통 조립방법을 사진과 짧은 글귀로 자세하게 안내했다면 이와 더불어 조립하는 영상을 게시하고 반려견을 키울 경우, 싱글족일 경우, 복층에 살 경우 등 다양한 상황 속에서의 활용방법들을 모두 영상 콘텐츠로 제작하고 있다. 어떤

제품이든 스토리를 녹여내는 일은 특성에 맞게 구성하던 습관이 있는 방송 작가에게 익숙하고 쉬운 일이기 때문에 최근 기업 내에서 근무하는 작가들도 늘고 있다.

또 하나의 변화는 라이브 커머스에서도 살펴볼 수 있다. 라이브 커머스는 라이브 스트리밍live streaming과 이커머스e-commerce의 신조어로 콘텐츠를 활용하여 마케팅 효과를 극대화하는 형태의 전자상거래를 의미하는 채널이다. TV 홈쇼핑과 달리 모바일을 통해 파는 사람과 사는 사람이 쌍방향으로 소통할 수 있어 실시간으로 질의응답이 가능하다. 제작된 콘텐츠를 일방적으로 흡수해야 했던 때와 다른 환경으로 출연자들이 실제 자신의 사용 경험을 여과 없이 들려주고 소비자들의 시선에서 직접적으로 다가가니 브랜드 팬덤 확장에도 큰 영향을 끼치고 있다. 비싼 광고료 때문에 TV 광고와 거리를 둘 수밖에 없던 기업들도 많이 도전하며 콘텐츠 미디어의 보편화라는 새로운 시대를 열고 있다. 단순히 제품을 팔기 위한 맥

락 없는 방송은 판매까지 이어지기가 어렵다. 그래서 이 시장에도 방송 작가들이 대거 참여하고 있다. 브랜드의 이미지를 잘 보여줄 수 있는 환경을 꾸미고 채팅창에서 소통하며 딴 길로 샐 수 없게 정확한 흐름을 잡아주는 것이다. 나아가 상품이 잘 보일 수 있는 디테일한 영상을 사전에 제작하는 과정까지 방송 작가의 손길이 닿았을 때 퀄리티가 높아진다는 평이 이어지고 있다.

Q6
해외 프로그램 제작에도
참여할 수 있나요?

7년 차 때쯤의 일이다. 인도네시아와 한국의 합작 오디션 프로그램에 참여한 적이 있다. 한국의 K-POP 환경을 동경하는 인도네시아에서 오디션을 열어 안정된 보컬, 깔끔한 군무, 비주얼, 언어 능력 등을 갖춘 8인을 발굴하고 한국에서 훈련해 데뷔를 목적으로 하는 프로그램이었다.

당시 국내 제작진과 함께 인도네시아의 피디, 작가와 함께 3개월 동안 합숙을 하며 일했다. 모든 기획, 구성안 등은 한국 제작진들이 리드했고 편집, 자막 등만 현지 문화에 맞춰서 인도네시아 제작진이 담당해 방송을 제작했다. 그 프로그램은 국내에서 핫한 K-POP 오디션과 많이 닮아있었다. 함께 일했던 인도네시아 작가는 내게 "이번 제작과정은 굉장한 경험이에요. 인도네시아 사람들은 말하는 것을 좋아해서 2시간 동안 두 사람이 이야기하는 프로그램만 늘 제작해왔거든요"라고 말했는데, 변화무쌍하고 스토리를 중시하는 우리 콘텐츠의 힘을 느끼던 부분이었다.

해외에서 협업해 제작하거나 한국 제작진을 고용해 해외 프로그램을 제작하는 것은 이제 익숙한 모습이 되었다. 특히 팬데믹 이전에 중국은 한국 제작진을 선호하기로도 유명했고 국내보다 2~3배 이상의 조건을 내세우며 많은 한국 제작진을 고용한 바 있다. 한국 콘텐츠 포맷이 사랑받는 것을 느낄 수 있는 한 가지 예로 MBC 프로그램 〈복면가왕〉이 있다. 2022년 기준으로 7년째 이어지는 국내 장수 예능 프로그램인데 지금까지 전 세계 50개국에 포맷이 수출되었고 독일, 미국, 호주 등 역대 최고 시청률을 기록하고 있다. 2020년에는 영국 '국제 포맷 시상식'에서 한국 최초로 '베스트 리터닝 포맷상'을 수상하는 쾌거를 얻었다. 해외에 나가서 일하지 않고도 탄탄한 포맷을 하나 잘 세우면 나의 콘텐츠가 해외에서 끊임없이 회자될 수도 있다는 희망적인 예시이기도 하다.

작가는 작은 노트북을 끼고 자신의 사무실 없이 떠돌지만, 자신이 앉아있는 어디든 세계를 연결할 수 있는 큰 힘을 가졌다. 작가가 되겠다고 결심했거나 이미 작가로서 일하고 있다면 이에 대해 자부심을 느껴도 과하지 않다고 본다.

연예인이 바라보는
방송 작가

아이돌 가수 · 유튜브 콘텐츠 제작자, 민하

2010년 나인뮤지스로 데뷔했으며 드라마 〈아홉수 소년〉, 〈아르곤〉을 통해 배우로 활동했다. 2019년부터는 유튜브 〈민하의소소사소 sososaso〉 개인 채널을 운영하며 홀로 기획, 촬영, 편집, 출연 등 1인 미디어 활동을 이어나가고 있다.

Q. 개인 채널을 운영하며 작가의 중요성을 느낀 에피소드가 있나요?

콘텐츠를 작업할 때마다 작가 역할에 대한 중요성을 느끼고 있다. 연예인으로 활동할 때는 준비된 무대나 방송에 출연만 하면 되었다면 직접 촬영과 편집을 하면서 가장 중요하다고 느끼는 부분이 기획이다. 말하고자 하는 주제를 간결하고 명확하게 전달하기 위해 철저한 기획은 필수였다. 소개하고 싶은 제품이 있다면 단순히 "이거 좋아요"만으로는 부족하기에 기획 단계부터 제품에 대한 자료를 수집해서 공부하고 경험을 더하며 쉽게 설명할 수 있게 핵심 키워드를 정리하는 등으로 공을 들이는 편이다.

기획 단계가 조금 힘들지만 후에 촬영, 편집 과정이 훨씬 수월해지는 것을 매번 느낀다. 비유하자면 길을 나설 때 손에 지도가 있고 없고의 차이가 아닐까 싶다. 목적지를 향한 지도가 있으면 찾아가기도 편하고 길을 잃더라도 금방 다시 찾아갈 수 있지만 애매한 목적지에 지도까지 없다면 당장 어느 길로 가야 할지 막막하다. 지도처럼 프로그램의 방향성을 제시하는 게 작가의 역할이라고 생각한다.

Q. 방송 작가들의 대본에 대한 시선이 궁금해요.

한 프로그램을 만들기 위해서 작가님을 비롯해 촬영 감독님, 조명 감독님, 음향 감독님 등 많은 전문가가 모인다. 각자의 위치에서 모두 애쓰고 있다는 것은 알았지만, 개인 채널을 직접 운영하면서 그 노고가 더 느껴졌다. 특히 영상을 제작하며 대본을 직접 작성하는데 '아, 작가님들이 이런 과정을 통해 프로그램을 기획하고 출연진 대본을 쓰겠구나' 하면서 공감이 되기도 했다. 직접 대본을 직접 쓰고 출연을 하다 보니 내 모습을 상상하면서 글을 쓰고 스스로 결에 맞게 몇 번이고 수정한다.

반대로 작가님들은 자신이 아닌 타인을 머릿속에 그리며 대본을 쓸 텐데 더욱 쉽지 않은 일이라 느꼈다. 단순히 내용만 전달하는 것을 떠나 각 출연진의 캐릭터를 잘 파악하고 있어야 방송의 흐름을 깨지 않고 이어갈 수 있기 때문이다. 그래서 방송 작가라는 직업은 단순히 글만 쓰는 것이 아니라 사람을 이해하고 공감하는 능력도 필요하다는 걸 알았다.

예능계 감초 개그우먼, 김지민

2006년 KBS 21기 공채 개그맨으로 데뷔해 2014년 KBS 연예대상 쇼오락부문 여자 최우수상, 2012년 제11회 KBS 연예대상 코미디부문 여자우수상, 2006년 제5회 KBS 연예대상 코미디부문 여자신인상을 받으며 주목받았다. 코미디 프로그램 외에 쇼오락, 예능, 뷰티 등 장르 불문 다양한 프로그램에서 두각을 드러내며 진행자로 활약하고 있다.

Q. 방송 작가의 중요성을 느낀 부분이 있다면 어떤 것인가요?

한 프로그램에 섭외될 때 그 과정에서 출연자와 제작진이 마주하는 경우가 거의 드물다. 특히 짧은 주기의 프로그램의 경우 소속사와 제작진의 커뮤니케이션으로만 섭외가 이루어져 현장에서 첫 인사를 하고 바로 촬영에 들어가는 경우도 흔하다.

개인적으로 함께 일을 하려고 모인 작가팀, 연출팀과는 많은 소통을 하려고 노력한다. 제작진을 비롯해 출연진 모두는 그 프로그램이 잘되기 위해 모인 사람들로 목표는 같다. 사전에 대본을 전달받고 살펴본 후 녹화에 앞서 담당 작가와 특히 많은 대화를 나눈다. 대본을 숙지한 상태에서 제작진이 바라는 나의 포지션에 대해 담당 작가에게 많이 체크하는 편이다. 프로그램에 대한 이해도 높아지고 진행하는 데 있어 어려움이 없기 때문이다. 이때 가장 방송 작가의 중요성을 느낀다.

Q. 애드리브가 대부분인 리얼리티 프로그램에 출연할 때 자신만의 노하우가 있나요?

정보가 주가 되는 프로그램의 경우 정해진 멘트가 있지만
리얼리티 프로그램의 경우에는 대본도 비교적 간결하다.
그래서 더욱 촬영 전 제작진에게 미리 받은 대본, 큐시트를
더 꼼꼼히 살펴보는 편이다.

또 이해가 안 되면 유선 전화를 통해서라도 이 촬영에서 원하는 내용, 아이템, 주제, 캐릭터별 요구사항에 대해 완벽하게 숙지한다. 새로운 게스트, 잘 알지 못하는 아이템이 주제가 되었다면 최근 기사, 포털사이트 등을 통해 다양한 정보를 수집해 파악하는 편이다. 이처럼 스스로 공부가 되어 있어야 카메라 앞에서 긴장하지 않고 자신감 있게 임할 수 있으며 다른 출연자들과 자연스럽게 어우러질 수 있다.

현장에서도 궁금증이 있다면 해결될 때까지 질문하는 편이다. 생각한 그림이 있을 땐 함께 출연하는 출연자들과도 상의하고 간단히 리허설도 해본다. 이렇게 준비를 해도 슛이 들어가면 현장은 예상치 못한 흐름과 그림들이 쏟아진다. 하지만 사전에 제작진, 출연진과 충분히 소통하기에 내용에 흔들림 없이 모두가 만족하는 녹화를 마칠 수 있다.

I am a broadcasting writer

방송 작가로의 삶

존경하는 문인 기형도의 대표작 〈빈집〉을 읽다 보면 희망만 표류하기보다는 확실한 절망도 눈에 띈다. 시인이 살았던 7080 시대상도 담고 있지만, 현재 우리 삶에서도 빗대어 볼 수 있는 의미도 잔잔히 전해진다.

곁에 있는 방송 작가들을 볼 때면 마치 〈빈집〉 시와 같다. 객관적이고 현실적인 모습 뒤에 그렇지 못한 모습도 많기 때문이다. 진행하던 프로그램이 엎어지고 작가진 페이를 모두 들고 사라져버린 선배, 작은 실수 하나에 육두문자로 중무장한 화살을 맞아야 했던 순간, 밤새 쓴 대본이 퇴짜 맞아 다시 써야 했던 순간 등 한 치 앞도 내다볼 수 없는 악연이 참 많았다. 현실적으로 바로 서지 않으면 이용당하기 쉬운 작가로만 남을 뿐이다. 자신을 보호하고 더 이상 상처받지 않기 위해 우리 모두가 회색 도시 건물처럼 딱딱해진 부분이 존재한다.

오래 함께 일하고 있는 후배가 있다. 그의 첫 모습은 순수하고 말랑말랑하고 조심성이 많아 느리게 느껴졌다. 점점 연차가 쌓일수록 그 모습은 사라졌다. 손, 말, 행동까지 빨라지고 모든 것을 그냥 묵묵히 인정하던 자세는 확실하게 짚고 넘어가는 현실파로 바뀌었다. 그렇다고 후배의 과거가 그립지는 않다. 한층 견고해진 자세가 프로페셔널하게도 느껴진다.

작가가 마주하는 삶은 단맛보다 쓴맛이 더 많을 것이다. 또 이 삶을 이어가면서 확실한 절망도 그려질 것이다. 하지만 지나친 기대보다 적정한 수준을 기대치로 삼고 앞으로 나아가다 보면 어떤 환경에서도 쉽게 무너지지 않는 전투력을 갖출 수 있게 될 것이다.

생방송과 녹화 방송의
장단점은 무엇인가요?

생방송은 말 그대로 모든 것이 LIVE다. 스튜디오 혹은 현장에서 직접 촬영하며 카메라와 마이크를 통해 실시간 방송된다. 반대로 녹화 방송의 경우 프로그램을 사전에 제작하여 편집, 효과 작업을 다 마치고 완벽하게 제작된 형태에서 방영되는 것을 말한다.

오직 방송 작가의 측면에서만 각 장단점을 나누어 보면, 먼저 생방송의 장점은 '다시 한번 더'가 없다. 방송 특성상 촬영 방향이 바뀌어서 새로 제작해야 하는 상황이 올 수 있지만, 생방송에서는 상상도 할 수 없는 일이다. 그날 방송만 잘 끝내면 수정에 대한 굴레 없이 자유롭게 다음 주 아이템에 몰두할 수 있다. 반면, 기회가 한 번이기 때문에 시작부터 끝까지 손에 땀을 쥐게 한다는 단점이 있다. 아무리 준비를 철저히 해도 예상치 못한 상황은 생겨나기에 유연하게 대처할 수 있는 능력이 요구된다.

녹화 방송의 장점은 '모든 것이 가능한'과 가까운 점이다. 사전에 철저하게 준비하는 것은 생방송과 녹화 방송 별반 차이가 없다. 하지만 녹화 방송은 생방송보다 여유가 느껴진다. 출연진의 멘트가 부족했을 때 혹은 현장감을 살리기 위한 리액션을 넣고자 할 때 언제든 주문을 외치면 현실 가능하다. 녹화 후 편집 작업을 하면서도 좋은 그림, 나쁜 그림을 걸러 낼 수 있는 시간적 여유가 있다. 반면, 단점은 무한 수정이 가능하기에 끝날 때까지 끝났다고 볼 수 없다. 촬영 후 피디, 작가는 머리를 맞대고 회의해야 하며 부족한 것을 채우기 위해 추가 촬영을 위한 섭외나 대본 작업이 필요한 경우도 있다. 또 방송의 재미를 극대화하고 이해도를 높이는 자막 작업이 기다리고 있다. 영상 편집 초기과정부터 마지막까지 밤새 자막을 수정하는 것도 작가의 몫이다.

방송 작가도
직업병이 있나요?

자본주의가 낳은 직업병은 작가마다 천차만별이겠지만, 대개 공통적인 게 많아 공감을 얻는다. 나는 물론 주변 작가들이 흔히 얻은 직업병을 나열해보고자 한다.

1. 손목터널증후군

어느 추운 겨울, 연말이면 다들 약속을 잡지만 방송 작가에게 쉬이 허락되는 시간은 없다. 그날 역시 늦은 밤 다 같이 모여 회의 겸 끼니를 때우려고 레스토랑에 둘러앉아 있었다. 캄캄한 어둠이 짙게 깔려있었는데 곧 엄청난 폭설이 내릴 것 같다는 예감이 들었다. 아니나 다를까 이내 흰 눈이 펑펑 내렸고, 동시에 바로 나의 손목이 찌릿하며 저려왔다. 모두가 기상청보다 대단한 손목이라고 신기해했지만, 개인적으로 웃지도 울지도 못했던 순간이었다.

방송 작가 대부분 휴대폰, 노트북을 끼고 산다. 키보드, 마우스를 수도 없이 반복해 사용하면서 처음에는 손 저림을 호소하다가 심해지면 수면 중 저림 증상 때문에 손을 털고 일어나는 경우도 있다. 관절, 인대는 한 번 망가지면 되돌리기 어렵기 때문에 평소 손목 스트레칭을 습관화하고 펜이나 마우스를 잡을 때 손에 많은 힘을 주지 않을 것을 당부하고 싶다.

2. 안구건조증

오래 앉아서 업무를 하기에 무너지는 자세로 인한 불균형은 당연히 얻었지만 더불어 시야가 침침해지는 날도 생긴다. 밤샘 근무를 할 때면 제대로 된 휴식시간 없이 길게 모니터 앞을 들여다본다. 간혹 쉬는 시간이 주어져도 작은 휴대폰 화면을 들여다보며 섭외에 열을 올리거나 메신저로 업무를 공유하는 일이 계속 이어진다. 나 역시 좋은 시력을 가진 것에 늘 만족했었지만, 한때 작은 사이즈의 노트북이 유행할 당시 간편함에 선택하여 밤낮없이 들여다보고 자막을 쓴 결과 업무 필수품으로 안경을 빼놓을 수 없게 되었다. 방송 작가로 살아가길 결심했다면 모니터를 길게 들여다본 후 단 5분이라도 눈이 휴식할 시간을 주길 바란다. 또 모니터에서 뿜어져 나오는 블루라이트를 차단하는 필름을 반드시 부착하길 권한다.

3. 계획병

MBTI로 말하자면 자유로운 P탐색형의 성향을 가졌을지라도 방송을 업業으로 두면서 J계획형로 바뀐 경우가 허다하다. 방송에 입문하는 막내 시절부터 우리는 모든 일에 앞서 철저하게 조사하고 계획한 틀에 어긋나지 않게 계획표 일명 큐시트를 짠다. 큐시트를 작성하지 않는 연차에 올라가더라도 녹화 전 계획을 세우는 게 당연하고 계획이 없으면 불안해하는 삶을 살아간다.

이 모습은 개인적인 일상에서도 보이는 경우가 많다. 가족 여행을 준비할 때도 자연스럽게 자료조사를 하고 하루 일정에 있어 이동 경로, 이동하는 동안 할 수 있는 것들을 찾으며 계획이 틀어질 경우 1안, 2안, 3안까지의 대비를 한다. 주변 사람들은 이것을 준비하는 것 자체가 스트레스이지 않냐고 묻지만, 너무 자연스러운 일이기에 하지 않으면 오히려 불안하다. 또 주변에 이런 철저한 계획형 방송 작가들이 포진해 있다 보니 어딘가 여행하고 싶을 때 그 도시, 나라를 경험해 본 작가에게 문의하면 그가 정리한 파일을 얻을 수 있다.

4. 외상 후 스트레스 장애(PTSD)

방송의 성격이 설정되면 누구보다 그 주제에 대해 파고들어야 한다. 주제가 재미와 교훈을 주는 경우도 있지만 그렇지 않은 프로그램도 존재한다. 시사보도, 교통사고, 의료사고, 질병, 전쟁, 사회 부조리, 자연재해 등 사회 전반적인 문제를 다루는 경우다. 한 개인으로서는 겪기 힘든 일을 여럿 다루는 프로그램을 맡을 경우 매회 피해자, 가해자들을 찾고 만나며 그 현장을 여과 없이 들여다보게 된다. 더 나은 세상을 만들기 위한 희망을 품고 시작한 프로그램이지만 오랫동안 부정적인 사건을 다루다 보면 그 안에서 자신도 모르게 스트레스가 짙어질 수 있다.

과거 어느 '현대판 노예' 이야기가 세상에 드러나며 모두를 경악하게 만든 바 있다. 그 어둠을 밝히기 위해 당시 작가들은 피해자의 상황을 모두 관찰했는데, 오랫동안 그 배경이 생각나는 어둡고 작은 공간에 노출되어도 두려움에 떨어야 했다고 고백한 바 있다. 방송 일을 오래 하고자 한다면 일상과 일을 정신적으로라도 철저하게 분리하는 습관과 마음가짐이 중요하다. 누구도 두려움에 노출된 나를 보호해줄 수 없기 때문에 스스로가 지켜야 한다.

직업의 장점 3가지로
무엇이 있을까요?

개인적으로 직업에 대한 만족도가 매우 높은 편이다. 이 직업을 통해 스스로 몰랐던 나 자신을 발견하고 발전하는 계기를 매 순간 만나고 있기 때문이다. 직업의 3가지를 꼽자면 다음과 같다.

1. 무한한 간접 경험
방송 아이템이 선정되면 분야를 막론하고 작가는 그 세계에 있어서 누구보다 잘 알고 있어야 한다. 지인 중 의학 프로그램을 오래 맡은 작가는 웬만한 질병을 꿰고 있다. 초기 증상, 원인, 치료법, 그 분야의 명의, 수술 후 관리법, 식단 등 누가 물으면 자판기에서 제품이 나오듯 술술 나온다. 우리끼리 농담으로는 가운만 입으면 의사가 되겠다라고 할 정도로 가끔 재미 삼아 몸에 이상이 생기면 그에게 묻곤 했다. 의학을 전공하진 않았지만 아는 만큼 질문할 수 있고 구성할 수 있다. 최고의 전문가를 섭외하고 그 질병을 오래 앓았던 사람을 출연시키는 데 있어서 모르면 아무것도 할 수 없다.

내가 그를 신기해하듯 반대로 나라는 존재를 신기해하는 사람도 많다. 러닝에 대한 프로그램을 할 때는 러닝의 발전, 러닝화가 필요한 이유, 러너들의 아이콘, 잘 뛰는 법, 오래 뛰는 법 등을 술술 읊었다. 스스로 러너가 될 정도로 충분한 자료조사 끝에 러너를 만나니 그 분야의 콘텐츠를 만드는 삶이 너무 즐거웠다. 또 자동차라면 그냥 시동만 걸고 목적지에만 닿으면 된다는 생각만 하던 내게 '오프로드'와 관련된 프로그램을 만나게 된 건 또 하나의 발견이었다. 그 세계 속의 대회, 자동차의 발전, 자동차 브랜드의 각 특징, 국내 오프로드 대회 출전자 등 이제는 거리 위 자동차를 보면 그 기능이 보이게 되었다.

이처럼 작가로 살아간다면 어느 세계든 자신이 담당하는 아이템의 영역에 모든 것을 간접 경험하고 혹은 직접 체험할 수 있다. 또 그 속에서 자신이 가장 잘 맞는 분야를 전문화한다면 뜻밖의 콘텐츠 생산자가 될 것이다.

2. 전투력

나의 유년시절, 호기심은 많았지만 행동할 때 겁이 많았던 것 같다. 확고하게 눈에 보이는 것엔 더 적극적으로 참여했다. 하지만 방송 생태계는 그런 선택 사항이 제외된 곳이다. 지금 일하는 곳이 언제든 사라질 수 있고, 방송 회차가 끝나면 곧바로 다른 구성원들이 모인 세계에 몸담아야 한다. 그리고 모두에게 '처음'이라는 꼬리표가 붙기 때문에 적응 기간, 연습 기간과 같은 아량은 통하지 않는다.

언제 어디에 누구와 놓이든 잘 적응해야 하고 그 속에 섞여 나의 능력을 보여주며 함께 합이 되는 사람이 되어야만 한다.

처음에는 이런 환경이 너무 힘들어 새로운 팀에 가는 날마다 위장이 꼬인 듯 온몸으로 부정이 표출되었다. 하지만 어느 순간 이렇게 많은 사람을 만나는 삶이 특별하다는 것을 느끼게 되었다. 모든 것은 마음가짐이었나 보다. 긍정적으로 새로운 사람, 관계를 즐기다 보니 팀이 바뀌어도 부담감이 없어졌고 꼭 섭외해야 하는 이를 설득해야 할 때 자신감이 생겼다. 이런 마음가짐을 15년에 가깝게 품고 살다 보니 새로운 일에 대해 도전하는 것도 과감해졌다. 아마 우리 작가들은 어디에 내놓아도 생존할 것이다. 바닥부터 허공까지 모든 것을 다 경험해봤으니 말이다.

3. Everyday Works

프로그램에 들어가면 눈뜨고 있는 순간은 계속 일만 하고 있다. 나는 간혹 풀리지 않는 기획이나 섭외가 있을 때는 꿈에서도 이를 해결하기 위해 고군분투한다. 그만큼 일 중독이 익숙한 직업의 세계다. 방송가 사람들은 특이하게도 일이 없어도 힘들고 일이 있어도 힘들다고 한다. 결국, 일하는 게 더 나을지도 모른다. 그래서 여행을 가서도 혹은 집에만 있어야 할 경우에도 아르바이트자막, 섭외, 대본, 프리뷰 등를 하며 일을 할 수 있다. 방송 작가는 의지만 있다면 항상 일할 수 있다. 나의 경우 간절히 원하는 콘텐츠가 있다면 스스로 기획해 팀을 모으고 제작을 하곤 한다. 이처럼 내가 꿈꾸는 일을 현실화하는 것도 가능하다.

반대로 단점 3가지는
무엇인가요?

화려한 조명, 꾸며진 것만 선보이는 방송가는 환상을 심어주기 좋다. 하지만 작가들 사이에선 우리가 '작가' 아닌 '잡가'가 아닐까 하는 농담을 흔히들 한다. 작가이자 심부름꾼이고, 텔레마케터처럼 수화기를 붙잡고 있다가 혹여나 방송에 문제가 생기면 문제 해결에 앞장서야 하고, 방송이 마무리되기까지 전전긍긍 긴장하며 살아야 하기 때문이다. 그래서 방송 작가 직업은 '3D Dangerous 위험한, Dirty 더러운, Difficult 어려운 직종'이라는 말이 더 걸맞을 것 같다. 방송 작가라서 삶의 다양성을 경험하지만 그만큼 어려운 부분도 존재한다.

1. Dangerous(위험한)

방송 작가들이 고용계약서를 쓰기 시작한 것은 얼마 되지 않았다. 노동자에게 당연한 것이지만 이를 요구하면 블랙리스트에 오를 정도였다. 수많은 선배들의 노력으로 업무 환경은 변화하고 있지만, 여전히 계약서 대신 말로 이루어지는 고용계약이 더 많다. 이 때문에 임금 미지급, 無 복지의 행태가 생겨나기도 한다.

2. Dirty(더러운)

방송 아이템이 결정되면 섭외 전쟁이 시작된다. 비슷한 시간대, 경쟁 프로그램을 살펴 누가 먼저 꼭 맞는 출연진을 선점하느냐에 따른 혈투에 뛰어든다. 어떻게든 좋은 섭외를 하기 위해서 물불을 가리지 않는 경우도 많다. 원하는 것을 얻기 위해서 일면식 없는 사람에게 자세를 낮춰야 하고 간혹 갑질에 휘둘릴 때도 있다. 모든 것을 인내해야 한다. 그래야 그 주의 방송이 순탄하기 때문이다.

3. Difficult(어려운)

요즘 사회는 '나 자신을 사랑하는 법'에 관대해졌다. 예전에는 일 중독이 주목받았다면 요즘은 자신을 돌아보고 살피는 시간을 더 많이 가질수록 일도 열심히 한다고 생각한다. 하지만 현재 방송 중인 프로그램에 몸담고 있다면 이 부분이 어려운 것도 현실이다. 어떤 것도 계획할 수 없다. 매일 달라지는 출퇴근 시간, 갑자기 생겨나는 각종 이슈로 가벼운 약속 하나 잡기 어렵고 무엇을 배우고 싶어도 나의 시간을 계획하기도 어렵다. 방송을 만들며 많은 이들에게 일상의 휴식을 선물하는 자들이지만 결과적으로 자기 시간이 없다는 것이 아이러니하다. 하지만 어떤 직업이든 장점만 존재할 수는 없다. 정말 꿈꾸고 좋아하는 일이라도 막상 직업으로 삼으면 결국 그 안에서 스트레스를 얻게 되는 것이 사람이다. 이 단점을 체크했다면 내가 이 단점을 어떻게 극복해 나갈지 설계할 수 있다고 본다.

Q5

가장 힘들었던
섭외의 경험이 있을까요?

아침 정보 프로그램을 할 때였다. 대부분 아침방송에서는 다양한 것을 다룬다. 보통 세상의 이목을 집중시키는 사회적인 문제로 첫 코너를 연다. 아침 밥상을 치울 시간대쯤엔 대개 텔레비전 곁에 주부들이 많기에 저녁 식탁에 대한 고민이 없도록 제철 요리, 만능 살림꾼이 되는 비결, 건강에 대한 이야기를 주로 다룬다. 나는 그중 건강 코너를 맡았는데 매주 하나의 질병을 다루며 질병의 원인, 증상, 치료법, 예방법에 대해 알렸다. 그리고 그들의 귀를 솔깃하게 만들기 위해서 가령 '비염을 오래 방치하면 호흡기가 마비된다?!', '잦은 가려움은 피부암의 신호!', '잠에서 자주 깬다면 호르몬 장애 의심해 봐야!' 등 동질감을 느끼게 하는 자극적인 서두를 뽑아냈다.

특히 겨울이 되면 유독 찬 바람에 심혈관 질환을 호소하는 경우가 많다. 당시 팀장님의 요구는 현재 심혈관 질환을 겪는 환자, 심혈관 질환으로 가족을 잃은 사람, 지난해 심혈관 질환으로 응급실을 찾았던 사람을 섭외하는 것이었다. 어느 하나 쉬운 것이 없었다. 그리고 이미 아픔에 고통이 있는 사람이 자신의 병을 드러내며 방송에 출연하는 것은 생각만 해도 엄청난 결심이다. 또 가족을 잃은 아픔에서 헤어 나오지 못하고 있는 분들에게 "또 이런 일이 일어나지 않기 위해 용기를 내주세요"라며 수화기 너머로 간곡히 부탁했지만 당장 금주의 아이템을 완성하기 위해 그들의 슬픔을 이용하고 있지 않나 하는 두려움도 존재했다.

이 외에도 섭외 미션은 가혹했다. '설암을 겪는 말기 환자를 찾을 것', '비염이 폐렴이 되어 죽을 고비를 넘긴 사례자' 등 모든 것이 쉽지 않았다. 어쩌면 무식한 방법이지만 당시만 해도 방송 작가로서 나의 좌우명은 '세상에 안 되는 건 없고 안 되면 내가 게으른 것'이라고 여기고 살았다. 간절히 원하고 다가서니 대부분 섭외는 잘 되었지만 여전히 그때를 생각하면 가슴 한편이 쓰리다.

Q6

업무 스트레스는
어떻게 해소하나요?

계획할 수 없는 하루를 사는 것은 고단하다. 치열한 프로그램을 할 때는 더 그랬다. 언제 끝날지를 모르니 친구와 약속 한 번 잡기도 어려웠다. 그래서 자연스럽게 팀원들과 술자리로 스트레스를 해소했던 날이 많았던 것 같다. 그런데 힘들고 답답한 일들을 털어놓고 나면 그 순간은 가슴이 뚫리는 것 같다가도 더 큰 걱정과 무거운 체지방만 느는 게 느껴졌다.

늦은 퇴근이 당연하다 보니 모든 일상은 남들보다 늦춰져 있었고 이러한 삶에서 취미 하나 가질 수 있는 여유도 없었다. 나를 위한 시간을 갖고자 하루를 펼쳐보니 잠을 줄여야만 가능했다. 6년 전부터 아침 일찍 일어나 운동을 시작했다. 수영, 요가, 필라테스, 웨이트, 스피닝, 러닝, 등산 등 지루하지 않게 여러 운동을 경험했다. 초반에는 무거운 피로감이 왔다가 2주차에는 몸이 가벼워짐을 느꼈다. 오히려 지쳐서 일을 소화하기 힘들지 않을까 했던 걱정과 달리 체력이 좋아지면서 일에 지침도 남들보다는 덜 느꼈다. 나를 위한 시간 속에서 단단해진 근육만큼 스스로에 대한 자신감도 높아졌다. 긍정의 에너지는 팀원들에게도 전달되었다고 느낀다.

이제는 '아침형 인간'이 곧 나의 타이틀이 되었다. 여전히 작가 세계에서는 특이한 사람이지만 이 삶이 너무 좋다. 일출 시간에 맞춰 하루는 요가, 하루는 웨이트를 하며 몸을 깨운다. 나에게 집중하며 반복적인 운동을 하는 과정에서 일상의 번외와 잡생각도 잠재우고 명상에 닿게 된다. 수많은 사람과 섞여 그 의견을 조율해 나가는 방송 작가의 복잡한 삶을 하나하나 정리해갈 수 있는 여유로운 마음가짐도 갖게 되었다. 운동이 주는 긍정의 에너지를 느낀 후, 한번은 함께 일하는 후배 작가 모두에게 운동할 것을 권했다. 내건 조건은 오전 10시 출근, 6시 정시 퇴근이었다. 퇴근 시간이 정해져 있으니 모두가 자신의 시간을 계획할 수 있었다. 자신을 위해 땀 흘리는 시간을 갖게 되면서 우리가 나누는 대화는 누구의 험담에서 멀어졌고 일에 대한 태도도 성실하고 적극적으로 변해갔다.

작가는 부속품이 아닌 곧 자신이 콘텐츠 창작의 시초다. 자신을 보살피고 건강을 위해 노력하는 시간은 곧 자신의 경쟁력을 만들고 이 일을 오래 하는 힘을 준다고 믿고 있다.

Q7
방송 작가로 일하며
생각하지 못했던 경험이 있나요?

방송 작가라고 항상 노트북 앞에만 앉아있지 않는다. 상황에 따라 현장 도우미부터 섭외를 위해 비행기를 타고 전국팔도를 누비기도 한다. 일손이 부족할 때는 출연진, 내레이션 성우까지 그래서 우리는 스스로를 '잡가'라고 부르나 보다.

1. 재연 배우

정보 프로그램을 할 때였다. 한 사건을 소개할 때 이에 맞는 드라마 자료를 찾아 고르는 것에 너무 많은 시간이 걸렸다. 당장 방송까지 하루이틀 남은 상황에서 시간에 쫓기고 실제 배우들을 섭외하는 것도 비용이 부담되었다. 코너 작가의 대본에 따라 작가들이 각자 배역을 맡고 피디가 촬영하며 재연 그림을 완성하기도 했었다.

2. 내레이션 성우

짧은 VCR의 코너를 담당할 때였다. 속보를 취재하고 곧바로 방송을 준비해야 하는데 새벽 시간에 성우를 구할 길이 없었다. 피디가 만든 그림 영상에 맞춰 내레이션을 쓰고 곧바로 녹음실로 향했다. 내가 쓴 내레이션 대본을 직접 읽으며 성우의 역할을 하게 된 것이다.

3. 셰프 도우미

요리를 다루는 프로그램을 할 때 미리 손질한 재료, 미리 끓여 놓은 육수, 촬영하는 동안 생겨나는 설거지는 사실 제작진의 몫이다. 출연자들이 촬영하는 데 있어서 불편함이 없도록 하려다 보니 재료, 도구, 음식 플레이팅 등 모든 과정에 보조자가 되어야 했다.

4. 시연 모델

뷰티 프로그램의 경우 제품의 제형과 기능을 더 정확히 보여주기 위해 제품 컷만 따로 촬영한다. 이때 얼굴이나 손에 흡수시키는 장면은 필수다. 짧은 촬영으로 모델을 고용하는 것이 부담스러운 경우에는 역시나 작가가 그 자리를 채울 때가 많다.

부수입 아르바이트가
있다는 게 사실인가요?

방송 작가라고 해서 한 프로그램에만 얽매여 있지 않는다. 본인의 역량에 따라서 부수적인 수입을 얻을 수 있는 기회는 무궁무진하다. 작가들이 흔히 하는 아르바이트는 다음과 같다.

1. 프리뷰

촬영된 영상 내용을 텍스트로 옮겨 적는 일이다. 테이프 영상을 보며 글자로 적는 행위를 프리뷰라고도 말한다. 방대한 양의 촬영본이 있고 이를 시간 내에 작업해야 할 때 영상을 일일이 볼 수 없기 때문에 프리뷰 파일은 빠른 작업의 도움이 되어 많이들 선호한다. 대부분 예능보다는 교양에서 많이 쓰인다. 방송 작가들의 단체 대화방, 작가협회 구직사이트에 공고를 자주 올리는 편이며 시간 단위로 페이를 책정한다.

2. 섭외/자막

실제 내부 제작진으로 스케줄 소화가 안 될 경우나 인력이 부족할 경우에는 섭외 혹은 자막 담당의 아르바이트 작가들을 고용하는 경우가 많다. 자막의 경우는 건당 받거나 자신이 작업한 시간 분수를 계산하여 페이를 책정한다.

3. 기업 홍보 영상/웹 광고 영상 제작

방송 외에도 영상 콘텐츠 제작이 필요한 경우 구성 작가에게
의뢰가 들어오는 경우가 많다. 소재, 채널만 다를 뿐이지 작가
로서의 업무는 똑같아서 손쉽게 일을 진행할 수 있다.

4. 현장 지원

오디션 프로그램의 경우 출연자만 30명 이상일 때가 많다.
이때는 내부 통제가 어렵기 때문에 현장에 대한 이해도가 높
은 작가들에게 SOS를 하기도 한다. 페이는 하루 일당으로 책
정되는 편이다.

방송 작가의
사람

방송 작가에게 큰 재산은 '사람'이다. 모든 일의 처음은 말 없는 아이템에 이야기를 덧붙여줄 사람을 찾아 나서는 것부터 시작한다. 좋은 방송, 콘텐츠의 역할도 결국 사람이 한다. 그만큼 사람을 빼놓을 수 없다.

tvN 〈유 퀴즈 온 더 블럭〉에 '관객 1억 명 배우'라는 타이틀을 가진 황정민이 출연한 적 있다. 자신의 인생을 영화로 만든다면 첫 장면을 어떻게 연출하고 싶냐는 질문에 그는 매직아워를 담고 싶다고 말했다. 해가 지기 직전 15분 남짓한 시간에만 관찰할 수 있는 황혼녘을 의미한다. 그리고 누구의 인생이던 평범했던 어느 한순간이 매직 아워처럼 존재한다고 말했다. 이 한마디에서 모두에게 찬사받는 그의 연기력이 사람을 사랑하는 마음에서 온 게 아닐까 하는 생각이 번뜩 들었다.

방송 작가에게 주어진 특명도 출연자의 매직아워를 읽어내는 것이라고 생각한다. 그 과정에 가장 중요한 연결고리가 유대감이라는 것을 나는 수많은 섭외의 시행착오를 통해 깨달았다. 사실 유대감은 특수한 상황에서 함께 경험하고 감정을 공유할 때 극대화된다. 예를 들어 힘든 군대 생활을 함께한 끈끈한 전우들, 출산의 고통을 함께 나눈 조리원 동기들이 있다. 하지만 빠른 시일 내에 섭외라는 임무를 완수해야 하는 우리에게 그런 특수한 상황이 만들어지긴 현실적으로 어렵다.

그렇다면 짧은 시간에 상대와 어떻게 유대감을 형성해야 할까. 항상 섭외 전, 상대의 이력과 라이프에 대한 자료조사는 필수다. 그 자료를 대충 읽어 보는 것에 그치지 않고 서둘러 둘만의 공통점을 찾아 나가야 한다. 사람은 나와 비슷한 것에서 동질감을 느낀다. 공통점 하나를 찾아내는 것만으로도 이야기가 멈추지 않고 자연스럽게 흘러간다. 이것은 섭외가 아닌 인간관계에서도 마찬가지일 것이다. 그리고 그 사람 말 속에서 그의 매직아워를 찾아내야 한다. 이 생각을 안고 섭외를 시작한다면 엎어지진 않을까 하는 두려움에서 조금 멀어질 수 있다.

일의 성공률을 높이기 위한 방법이지만 개인에게도 득이 되는 부분도 있다. 타인의 내면을 들여다보기 시작하면 절로 나라는 사람도 돌보게 된다. 섭외를 단순 일로만 여기지 말고 나를 위한 재산을 쌓아간다는 생각으로 친숙해지길 바란다.

Q1
가장 의지 되는 파트너는
누구인가요?

프로그램이 시작될 때 가장 먼저 사람을 소집한다. 연차에 맞는 작가들을 찾게 되는데 이때 손발이 잘 맞았던 선후배가 다시 만나는 경우가 많다. 그래서 어떤 사람은 이를 '줄'이라고 표현하기도 한다. 프리랜서 시장에서 각자가 파트너이다. 서로에게 필요한 존재도 작가다. 서로 아이템을 고민하고 함께 구성하고 밥도 나눠 먹고 밤새 연락하는 등 한 프로그램이 시작하면 그 작가팀은 가족보다도 더 많은 시간을 보내는 존재가 된다. 간혹 서로 잘 맞지 않는 팀이 결성되면 지치는 사람도 있다. 하지만 결과적으로 불편하고 불안한 방송가에서 함께 그 상황을 버텨내는 작가들은 일상에서도 위로가 된다. 일반 직장인들은 공감할 수 없는 특수한 상황을 서로 눈빛만 봐도 알기 때문이다.

또 이 바닥만큼 좁은 곳도 없다. 작가라면 모두와 잘 지내야 한다. 지금 당장 그가 싫어서 떠난다고 해도 언제 어디서 그와 다시 마주하게 될지 아무도 모른다. 당장 현재의 팀이 싫어 몰래 다른 프로그램에 면접을 보러 가게 돼도 금방 소문이 나는 경험을 한 작가도 많을 것이다. 일하기 위해 모였기 때문에 즐거움보다 스트레스가 더 많을 수 있다. 그 안에서 갈 등도 존재한다. 과거 나도 그 순간이 지옥 같아서 내일이 안 보일 때도 있었다. 그런데 지나고 보니 다 순간인 듯하다. 결국, 원수 같은 사람일지라도 분명한 것은 누구에게나 배울 것은 있다. 만약 사람 때문에 힘들다면, 나를 힘들게 하는 사람의 장점 하나를 닮고 프로그램을 마치겠다고 다짐해보자. 그럼 이보다 더 좋은 팀과 위로가 되는 파트너는 없다고 느껴질 것이다.

방송 작가로서 영감을 준
출연자가 있나요?

그동안 프로그램을 진행하며 많은 출연자와 함께 일을 했다. 하지만 대부분 파트너라고 느낄 일은 없었던 것 같다. 한 회 녹화를 위해 몇 주를 밤샘 작업하며 준비한 대본을 들고 갔을 때 대본만 읽고 촬영장을 떠나는 출연자가 더 많았다. 또 녹화 며칠 전 대본을 보냈지만 숙지가 안 되어 카메라 밑에 프롬프터로 대본을 그대로 보여줘도 '아버지가 방에 들어가신다'가 아닌 '아버지 가방에 들어가신다'라는 식의 엉뚱한 멘트의 향연인 적도 있다. 페이는 제작진에 비해 몇 배에 달하는데 저런 모습을 보고 있자면 며칠 밤새고 위아래로 깨지며 속병 앓아 온 날들이 더 묵직하게 다가왔다.

이 생각을 완전히 깨고 파트너라는 의미를 갖게 해준 이는 배우 이시영이다. 그녀와는 2017년부터 4개의 프로그램을 함께 했다. 그녀와의 첫 만남은 뷰티 프로그램을 함께하면서다. 프로그램의 기획의도와 이에 맞추어 구성한 코너들을 설명하며 첫 녹화를 준비했다. 사전 인터뷰 외에 그녀를 다시 보게 될 곳은 당연히 촬영장이라고 여겼다. 그러나 첫 대본이 나온 후 제작진도 놓치고 있던 부분에 대해서 촬영 전 계속해서 의견을 제시해주었다. 뷰티 프로그램에서 한 회당 다루는 화장품은 대략 15개 정도 된다. 제품도 사전에 받아서 자신이 사용해본 리뷰를 공유했다. 작가들은 마치 그녀가 되어 거짓으로 리뷰를 쓰지 않아도 되었고 대본은 더 풍성해졌다. 녹화 때도 거의 대본을 외우고 온 상태라 그녀가 있으면 촬영 내용이 딴 길로 흩어지지 않았다. 그래서 더 믿고 그녀에게 맡길 수 있었다.

이 외에도 프로그램의 진정성을 위해 본인이 직접 한 번 더 촬영 일을 만들어 새로운 코너를 제안했고, 주변 출연진도 함께 설득하며 방송을 '같이' 만들어나갔다. 출연자로서 프로그램에 누구보다 애정을 갖고 제작진과 열정적으로 소통하다 보니 그녀와 함께하는 방송은 장기로 이어졌다. 이처럼 매사에 성실하고 본인이 맡은 것에 절대 대충하는 일이 없다. 이는 같이 일하는 파트너로서도 개인적인 관계에서도 큰 영향을 주고 있다. 그녀는 배우지만 또 다른 키워드도 많다. 국가대표 복싱 선수, 풀코스 마라톤, 산악, 틱톡 1위, 패셔니스타 등 성실함이 익숙한 그녀의 삶은 새로운 도전을 이어가며 건강하게 살아가고 있는데, 방송 작가로서도 많은 영감을 받는 부분이다.

'이 사람은 이래서 연예인을 하는구나' 느꼈던 출연자가 있나요?

희극인 지인들을 만나면 모두 아끼는 선배, 개그계의 아버지 개버지로 꼽는 사람이 바로 김준호 선배다. 1996년 SBS 5기 공채 개그맨으로 데뷔해 1999년 KBS 14기 특채로 입사, 공개코미디 방송 개그콘서트의 797회의 최다 출연 기록을 가진 베테랑이다. 20년의 세월 동안 그의 도전은 상당하다. 특히 개그맨 소속사 설립, 부산국제코미디페스티벌부코페을 조직해 세계 8개국의 희극인들의 다양한 무대를 선보이고 국내 희극인들도 자신들의 무대를 끊임없이 넓혀가는데 조력자 역할을 하고 있다. 이력만 봐도 그들이 왜 개버지라고 말하는지 충분히 입증된다.

프로그램을 통해 보이는 그는 재미있고 나이보다 어리게 사는 사람으로 익숙한 캐릭터다. 그 모습이 편안해 여러 프로그램에서도 감초 역할을 하고 있다. 내가 MBC every1 〈천재지골〉을 제작할 때였다. 골프 붐에 맞서 골프 프로그램을 담당했는데 잘난 사람들의 게임보다는 한 치 앞을 예상할 수 없는 골프의 세계를 재밌게 표현하고 싶었다. 프로그램 기획에 힘을 실어주고 이야기를 더해준 것도 그의 역할이 크다. 그를 가까이에서 보면서 가장 신기했던 것은 당장은 아무도 관심이 없는 분야인데 홀로 관심을 쏟고 중요성을 강조할 때가 있다. 어느 순간 골프가 트렌트가 되었듯이 시간이 지나면 꼭 그 시대가 왔다. 또 말한 것이 실현될 때까지 계속해서 아이디어를 쏟아내고 공유한다. 곁에 있는 사람까지 함께 고민하게 만들어 더 나은 아이디어를 도출하게 한다.

촬영에 임할 때도 '대본 내용이 잘 전달된 걸까?'라는 걱정과 달리 필요한 내용은 물론 출연한 게스트들의 캐릭터를 자연스럽게 설정해주면서 촬영 내용을 최대치로 끌어올린다. 그의 에너지를 볼 때면 '이런 사람이 예능에 많으면 어떨까? 이런 사람이야말로 뼈그맨 뼛속까지 개그맨이 아닐까?'라는 생각을 하게 된다.

방송 작가가 되길 잘했다고 느꼈던
에피소드가 있나요?

과거 주간정보 프로그램을 할 때 시간에 쫓겨 검색 플랫폼에 의지해서 구성안을 썼다. 섭외도 그 안에서 유명한 사람들만 골라 서둘렀다. 빨리 마무리하고 다음 주를 준비해야 한다는 압박감이 컸다. 그러던 어느 날 아침, 수많은 걸음이 출근을 위해 여의도역으로 몰려오고 있었고 나는 밤샘을 끝내고 무거운 걸음으로 퇴근을 하고 있었다. 모든 졸음이 온몸에 젖어 승강장 기둥에 기대어 섰는데 옆에 있던 사람들의 대화 소리가 나를 깨웠다.

"요즘 머리가 자주 아프다고 했지? 오늘 아침에 텔레비전에서 봤는데 라벤더 오일, 페퍼민트 오일을 섞어서 향을 맡아봐. 약보다도 좋다더라."

그 뒤로도 대화를 나누며 정보를 교환했는데 끝에 늘 따라오는 말이 "텔레비전에서 봤어!"였고 자꾸 귓바퀴에 따라붙었다. 한 주를 서둘러 빨리 마무리하기 위해 수박 겉핥기식으로 정보 프로그램을 구성했던 모습이 부끄러웠다. 이후로 정보를 전달할 때는 직접 경험해보는 것을 넘어 여러 전문가들의 의견을 더하기 시작했다. 개인적인 의견이 주를 이룬 블로그, 유튜브 등은 참고만 할 뿐 그 정보가 확인되지 않으면 대본에 옮겨 적지 않았다. 뷰티 프로그램을 할 때도 마찬가지로 도움이 되는 정보를 제대로 전달하고자 했다.

계절이 바뀔 때마다 사용하는 제품도 크게 영향을 받는다. 피부는 환경에 가장 민감하기 때문이다. 이때 대부분의 뷰티 프로그램에서는 예쁜 모델을 내세워 PPL 광고를 위한 수분크림을 선보이기 바쁘다. 개인적으로 누군가에게 약이 되는 꼭 필요한 정보를 전달하고 싶었다. 아토피 피부염을 경험해 건조해지는 가을은 더 컨디션이 취약해지는 것을 느끼던 터라 건조함이 극에 달하는 극건성, 아토피 피부염 그리고 보습 케어가 부담스러운 트러블 피부 등 수분 충전에 어려움을 겪는 사람들을 위한 정보로 구성했다. 문제성 피부에 대해 다루는 만큼 확실한 근거가 필요하기 때문에 조금 더 시간을 들여 정확성을 높였다.

방송이 나가고 시청자들로부터 개인 SNS를 통해 여러 쪽지를 받았다. 뷰티 프로그램은 늘 피부 좋은 사람들이 더 좋아지는 이야기만 한다고 생각했는데, 감추고 싶은 자신의 피부를 위한 케어법이 나와 공감할 수 있었고 효과를 보아 고맙다는 메시지였다. 또 프로그램 방영 후 출연자들과 관련된 이슈 정도로만 보도자료가 나갔다면 그 정보를 다시 한번 짚어주는 기사들이 쏟아지듯 나왔다. 직접 경험했고 많은 검증을 끝낸 자신 있던 정보였기에 어필하는 데 있어서도 걱정보다는 즐거움이 더했다. 무엇보다 누군가에게 조금 더 나은 일상을 줄 수 있는 정보를 전달하는 입장에서 방송 작가로서 보람을 느끼게 해준 것은 물론, 더욱 책임감을 가져야겠다고 마음을 다잡게 된 계기였다.

211

3

방송 작가의
내일

환경을 보호하고 윤리적인 경영을 실천하는 척도로 'ESG
Environmental 환경, Social 사회, Governance 지배구조의 줄임말'라는 말이 생겨날
만큼 오늘날 경영계에서 지속가능한 경영은 중요한 과제이
다. 나의 두 번째 책《지구인의 반성문》은 ESG를 주제로 한
것으로 집필 당시 지속가능 경영을 실천하는 기업을 만나기
위해 찾아 나섰다. 출간 후에도 이를 주제로 한 칼럼을 연재
하며 새로운 만남은 계속되었다.

그중 가장 기억에 남는 기업이 '마초의 사춘기'이다. 플렌테
리어 디자인 기업으로 이들은 식물을 다룬다. 과거 식물을 다
룬다고 표현하면 꽃집 주인, 정원사 등을 생각했다. 하지만 이
들은 다양한 분야의 시각, 제품, 패션 등의 디자이너들이 참여
해 운영하는 라이프스타일 마켓이다. 단순 식물만 판매하는
것이 아닌 식물과 어우러지는 공간을 컨설팅한다. 또 식물이
곧 콘텐츠로 요즘 세대가 영상에 익숙한 것을 고려해 SNS를
통해 이미지와 영상을 제작해 소통한다.

식물, 화훼산업 역시 굉장히 보수적이고 폐쇄적으로 알려져
있다. 기존 직업의 한계가 있었다면 이들의 행보는 또 다른

직업을 창조한 것이나 다름없다. 그들의 사업영역은 개인 및 기업 공간에 식물을 큐레이팅하고 식물 거래 플랫폼을 개발하여 식물을 쉽게 접하고 키울 수 있는 문화로서 확대해 나가고 있다. 식물과 어우러진 공간까지 디자인하다 보니 소비자가 식물에 대해 느끼는 가치는 더 극대화된다. 색깔이 없던 기업의 공간, 콘셉트가 필요한 매장, 어두운 화보 배경 등 이들은 식물을 통해 분위기를 만들어낸다. 이에 "정말 멋지고 신선해요!"라는 나의 호응에 마초의 사춘기 김광수 대표는 "그저 식물을 두고 모두가 갖고 있던 질문에 답을 찾는 방식이었을 뿐이에요"라고 대답했다.

이들을 만나기 전 '플랜테리어'라는 직업에 물음표가 우선 떠올랐다. 하지만 마초의 사춘기의 볼륨이 커질수록 자연스레 그들을 인정하기 시작했다. 식물을 바탕으로 쏟아지는 고민을 하나씩 해결해줬기 때문일까. 크게 바꾼 게 아닌데 세상은 신선하게 받아들인다. 그를 만나고 돌아가는 길엔 흥분되었다. 방송 작가 역시 글 하나로 다양한 걸 만들어낸다. 그림을 만들고, 긴 글의 구성안으로 표현하고, 간결한 자막으로 탄생시킨다. 영상 이해에 도움을 주는 다양한 스킬을 갖고 있는 방송 작가이기에 스스로 질문하고 답하며 끊임없이 그 길을 찾아간다면 그 미래 방향성이 더 무궁무진할 것 같은 기대감이 들었다. 분명한 것은 영상으로 정보를 얻길 원하는 이 사회에서 방송 작가가 설 수 있는 곳은 너무나도 많다.

Q1
방송 작가는 몇 살까지
일을 이어갈 수 있나요?

방송 작가들은 흔히 자신이 일용직이라는 말을 달고 산다. 어찌 보면 맞는 말이다. 불안정한 고용환경에서 살아가고 있고 트렌드에 민감한 곳이다. 하지만 50대 후반의 여러 선배 작가들이 현업에서 활발히 활동하고 있는 모습을 보면 이는 정말 단면만 봤을 때 할 수 있는 말 같다.

막내 때부터 쌓아온 사회적 경험은 곧 자신의 내공이나 다름없다. 트렌드에 민감한 프로그램을 진행한다고 하더라도 수십 명의 스태프와 출연진을 움직이는 리더십은 감히 내공 있는 작가에 견주어 이길 수 없다. 현재 굵직한 프로그램을 대부분 30년 차 이상의 작가님들이 리드하는 것만 봐도 알 수 있다.

콘텐츠 제작자로 살아가는 방송 작가는 생산적인 존재다. 자신의 의지만 있다면 방송 외에도 강연, 브랜드 스토리텔러, 브랜드 콘텐츠 기획자, 지자체 콘텐츠 사업 등으로 다각도의 수익 창출이 가능하기에 방송 작가는 내가 멈추지 않는 이상 정년 없이 일할 수 있는 직업이라고 본다.

Q2
방송 작가의 전망은
어떠한가요?

I am a broadcasting writer

예전처럼 좋아하는 방송을 보기 위해 시간 맞춰 집에 귀가하고 TV 앞에서 간절히 기다리는 풍경은 이제 더는 보기 어려운 현실이다. 그렇다고 방송 작가에게 그늘만 있는 것은 아니다. 유튜브와 같은 영상 플랫폼, OTT 시장은 끊임없이 확대되고 있기 때문이다.

지난해 8월, 영국 경제 연구소 옥스퍼드이코노믹스가 한국 내 유튜브의 경제적·사회적·문화적 영향력을 평가한 '한국의 기회를 위한 플랫폼' 보고서에 따르면, 2021년 한국 국내 총생산GDP에 대한 유튜브 창작 생태계의 기여분은 2조 원 이상으로 조사된다. 또 한국에서 약 8만 6천 개 이상의 일자리가 유튜브 창작 생태계로 인해 창출된 것으로 발표되었다. 콘텐츠 공급, 제작에 있어서 중요 인력인 방송 작가의 비율도 굉장히 높은 것으로 나타났다.

정규방송과 달리 이 시장은 규제에 있어 자유롭고 흐름도 호흡도 빠르다. 패스트 트렌드에 맞춰서 적시에 맞는 콘텐츠를 먼저 내놓는 사람이 수많은 구독자를 이끈다. 이 때문에 항상 아이템을 찾는 서치력과 기획력이 곧 경쟁력이 되어 대본 구성, 자막 작업, 홍보안까지 다양한 작업이 가능한 방송 작가를 선호할 수밖에 없다.

우리나라 콘텐츠 생산 능력은 세계가 주목하고 있다. '구글 포 코리아'는 유튜브를 포함한 구글 클라우드 서비스 등이 국내 산업계에 미친 영향에 대해 소개했는데 콘텐츠 생산 분야에 있어서 약 19조 3천억 원의 경제적 편익을 달성했다고 보고했다. 또 한국의 문화 수출에 대해서 더 많은 협업을 시사하는 바를 내비쳤다. 앞으로 우리가 더 자유롭고 많은 콘텐츠를 생산할 수 있는 환경이 마련되어질 것으로 보이는 부분이다. 또한, 이 분야들의 발전으로 더 이상 국내 시청자에 머물지 않을 것이다. 〈오징어 게임〉, 〈런닝맨〉, 〈솔로지옥〉, 〈맛있는 녀석들〉 등 해외 팬덤을 가진 국내 콘텐츠의 힘이 막강해지고 있기 때문이다.

이처럼 자신에게 맞는 옷을 입으며 콘텐츠를 생산할 수 있는 자유분방한 환경이 더 많이 마련되고 있으니 기획력이 강하고 포맷 개발 및 트렌드에 능하다면 제작자로서 희소식이 아닐 수 없다.

세계가 K콘텐츠에
열광하는 이유는 무엇일까요?

과거 방송사는 해외 포맷 수출 방식에 머물렀다. 하지만 최근 몇 년 사이 해외 OTT 플랫폼에서 K콘텐츠가 상위권에 등장하고 해외 거물급 시상식에서 우리나라 아티스트들이 거론되며 K문화의 부흥이 계속되고 있다. 특히 드라마, 음악에만 머무르는 것이 아닌 방송 프로그램도 주목받는 것이 방송 작가들에게는 반가운 뉴스가 아닐까 싶다. 앞서 설명한 포맷 방식은 과거 2018년 MBC〈복면가왕〉, 2015년 tvN〈꽃보다 할배〉프로그램과 같이 포맷으로만 수출되어 해외 현지 채널, 출연자, 제작진에 의해 제작하는 방식이었다. 하지만 이제는 오리지널 K콘텐츠 자체의 영향력이 상당하다.

팬데믹 현상도 큰 도움이 되었다. 실내 생활이 익숙해지면서 대부분 콘텐츠에 소비하는 시간이 늘었고 이는 국내뿐만 아니라 국외도 당연한 풍경이 되었다. 이로 인해 OTT 플랫폼이 확장되고 다른 문화권의 콘텐츠들도 자연스럽게 받아들이게 되었다. 사실 예능 프로그램은 그 나라의 문화와 언어에 영향을 많이 받아 타 국가에서 인기를 끌기 어려운 것이 현실이다. 이 때문에 단순 구성 혹은 우리만 공감할 수 있는 인물과 상황을 보여주는 국내 여행물, 오락물 등은 큰 성공을 이루진 못했다. 하지만 해외 OTT 플랫폼에서 우리의 예능이 눈길을 끄는 것은 물론, 넷플릭스 글로벌 톱10에 〈솔로지옥〉이 순위에 오르며 또 다른 방향을 시사했다.

어느 문화권에서도 공감하고 소통할 수 있는 소재를 잘 이용하는 K콘텐츠는 기획력이 롱런하는 비결이 아닐까 싶다. K콘텐츠는 더 이상 단순한 구성에 뻔한 인물이 등장하지 않는다. 오랫동안 방송가에서는 '왜?', '누가?'라는 질문을 해결하기 위한 연출과 구성을 하고 있다. 50분 동안 배꼽을 잡을 예능 프로그램이어도 확실한 메시지, 인물별 다른 캐릭터를 강조하고 숨은 뜻을 자막으로라도 받쳐서 스토리를 만든다. 보는 사람은 만든 이의 뜻을 찾아가는 재미와 내포한 의미를 해석할 수 있는 콘텐츠 속에서 제작자, 출연자와 함께 소통한다는 짜릿함을 느낀다.

문화체육관광부에서 조사한 '2021년 해외 한류 실태조사'를 보면 외국인들이 한국 콘텐츠 중 크게 호감을 갖는 분야는 음식, 뷰티, 음악으로 나타났다. 이 분야들은 라이프스타일의 소비로도 이어진다. 콘텐츠의 경험 정도가 높을수록 구매 이용의향 정도가 높아지는 성향을 가졌기 때문이다. 기획 단계에서 이 분야를 잘 활용한다면 경제 성장에서 영향을 끼칠 것으로 보이며 그 긍정적 효과는 K콘텐츠를 더 단단하게 만드는 과정이라고 본다.

방송계의 판도를 바꾼
프로그램으로는 어떤 것이 있나요?

나에게 영감을 준 콘텐츠로, 두 프로그램을 소개하고 싶다.

1. tnN 〈삼시세끼〉

한때 방송가는 셰프의 전성시대가 문화코드로 자리 잡으며 셰프를 주제로 한 쿡방이 줄지어 나왔다. 셰프의 화려한 손기술, 다채로운 요리를 보는 것은 흥미로웠지만 그들만의 이야기로 남는 것이 전부였다. 그 사이에서 일상적인 식사 풍경에 감동과 힐링 요소를 더한 프로그램이 〈삼시세끼〉였다. 자급자족 예능으로 아무것도 없는 어촌, 농촌에 가서 직접 밭을 가꾸고 수확하며 그 긴 수고 끝에 한 끼를 완성해나간다. 하루 세끼를 완성해나가는 동안 모든 게 셰프들처럼 성공만 보이진 않는다. 그 안에서 뜻대로 되지 않는 실패담부터 후에는 성장하는 모습까지 엿보며 시청자는 '나와 같다'는 공감대도 느낀다. 도시인들에게는 손쉬운 한 끼가 시골에서는 처음부터 끝까지 사람의 손이 닿아야 하는 것을 그린 리얼 버라이어티 〈삼시세끼〉는 예능가에도 많은 메시지를 남기면서 지금까지도 일상을 그대로 보여주는 편안한 대세 예능으로써 자리매김하고 있다.

2. CJ ENM 〈바퀴입(바퀴 달린 입)〉

웹 콘텐츠가 TV 프로그램보다 이슈 몰이를 하는 것이 현시대 예능가의 주소다. 그중 신선하게 시대를 이끌어가는 콘텐츠로 〈바퀴입 _{바퀴달린입}〉이 눈에 띈다. 거침없는 입담을 가진 출연자들이 매주 새로운 주제로 토론하며 입에 모터가 달린 것처럼 쉬지 않고 의견을 펼친다. 웹 콘텐츠이기 때문에 심의 제한 없이 B급 감성 대화가 오고 간다. 편당 200~300만 회의 조회 수를 기록하며 숫자가 그 인기를 증명하고 있다. 특히 방송은 메시지가 정확하고 기승전결이 확실한 상황을 만든 후 카메라를 켜야 한다는 편견이 있었다면, 〈바퀴입 _{바퀴달린입}〉은 현장 분위기를 그대로 살린 방송으로 이에 열광하는 구독자가 있다는 것에 많은 콘텐츠가 변화하고 있다. 방송은 교훈을 줘야 한다는 것에서 벗어나 사람들은 나와 비슷하지만 다른 생각을 가진 사람들의 이야기를 들여다보는 것에 흥미를 느낀다는 점이 콘텐츠 제작에 있어서 새로운 시각을 갖게 했다고 본다.

다시 태어나도
방송 작가를 선택할 것인가요?

운이 좋게도 1년에 두어 번은 방송 작가를 희망하는 미래의 후배들을 만나는 기회가 직업 특강이라는 이름으로 종종 생긴다. 확실한 목표가 있는 사람들이 모이다 보니 반짝이는 눈빛이 내게 고정되는 게 온몸으로 느껴질 정도다. 그래서 무엇이라도 하나 더 알려주고 싶고 나와 같은 실패가 적기를 바라는 마음이 앞선다.

방송 작가가 하는 일에 대해서 일반 사람들이 갖고 있는 단순한 생각 정도로 시작해 모든 것이 서툴렀다. 그러다 보니 준비된 동기들에 비해 많이 부족했고 그 차이가 스스로 느껴질 정도였다. 그 간격을 좁혀가는데 꽤 오랜 시간이 걸렸다. 처음부터 직업에 대한 의지가 있고 꿈꿔온 사람이 이 직업을 갖고 살아가게 된다면 더 빠르게 멋진 삶을 즐기며 살아갈 수 있을 것 같다.

개인적으로 현재 직업에 대한 만족도가 높기 때문에 다시 태어나면 이번 생과는 다르게 철저하게 준비해 입문해 보고 싶다. 시간을 되돌릴 수 있다면 그 빈 부분에 채우고 싶은 것들이 많다. 지금의 삶도 특별하지만, 과거의 시간이 준비되어있었다면 지금의 나는 어떤 작가일지 너무 궁금하다. 그 궁금증이 미래를 그리는 꿈만큼 크기 때문에 나는 다시 태어나도 방송 작가로 살고 싶다.

방송 작가로서
꿈꾸는 미래의 모습이 있나요?

나는 방송 작가 중에서도 평범한 삶을 살아가고 있지 않다. 어쩌면 누군가에게 방송 작가로서의 성공은 굵직한 방송사에서 머물며 좋은 인맥을 잡아 꾸준히 대형 프로그램에 속하면서 그 끝에는 연말 시상식에서 방송 작가상을 거머쥐는 것이라고 여길지 모른다. 하지만 대부분의 사람들이 생각하는 성공의 길보다 방송 작가의 삶은 더 재미있게 살 수 있는 소재가 차고 넘친다.

누군가 만들어놓은 틀에서 편안하게 집필 활동을 하는 것보다 스스로 판을 짜고 만들고 싶어 제작자에 도전했다. 트렌드에 민감한 이 세계 속에서 때에 따라 맞춰 사는 것이 아닌 내가 좋아하는 분야만 쫓고 파고들다 보니 '뷰티 방송 작가'라는 타이틀도 얻었다. 활동영역에 뷰티라는 키워드가 생기면서 나만의 전문성을 쌓아갔고, 내 것이라는 욕심이 나기 시작하면서 내 이야기를 연예인의 입이 아닌 내가 말하며 개인 브랜딩을 위해 노력하고 있다. 목표가 확실해지자 자연스레 경영대학원도 졸업하게 되었고 두 권의 책을 냈다. 그러다 보니 방송을 제작하고 싶어 하는 사람 혹은 콘텐츠가 필요한 기업과 지자체 등 생각지 못한 곳과 닿고 있다.

만약 지인의 소개 혹은 구인구직란에서 이력서를 채워가는 삶만 살아갔다면 이 같은 삶은 없었을 것 같다. 누군가를 따라가는 삶은 아니었기 때문에 서툴고 실패담도 많다. 하지만 제작진의 한 명으로 남는 것이 아닌 나 자신이 사회에서 유용하게 쓰이는 삶을 경험하면서 앞으로 계속 도전하며 방송 작가를 꿈꾸는 후배들에게 다양한 삶의 모습을 보여주고 싶다.

방송 작가는 브랜딩을 해주는 사람이 될 뿐이지 자신이 브랜드가 된다는 것에 대해 아직도 신기해하는 사람이 많다. 채널, 제작비, 제작팀이 없으면 갈 곳을 잃은 작가가 아니라 스스로가 브랜드이기 때문에 작가 중심으로 움직일 수 있다는 확신이 있다. 그래서 꼭 이뤄가고 싶고 더 멋진 후배들이 줄을 이을 것이라고 믿어 의심치 않는다.

방송 작가가 자주 사용하는
업계 언어

시바이

일본어 시바이(しばい, 연기 또는 연극). 일본어에서 따온 말로 재미요소를 뜻함.
ex) "이럴 때 이런 시바이가 나와야지."

니쥬

작가, 피디 사이에서는 이야기의 바탕 혹은 은어로 치면 '밑밥'을 뜻함. 단, 촬영현장
에서는 카메라의 높이를 조절하는 작은 상자를 뜻하기도 함.
ex) "이렇게 니쥬부터 깔고 시작하자."

구다리

일본어 구다리(くだり). 내려감을 뜻하지만 방송가에서는 어느 한 부분을 뜻함.
ex) "이 구다리는 살리고 다음 구다리는 걷어내자."

미다시

제목, 타이틀, 헤드라인을 뜻함.
ex) "미다시는 뽑았나?"

야마

말하고자 하는 요점, 핵심을 뜻함.
ex) "그래서 너가하고 싶은 야마가 뭐야?"

오도시

일본어 오도시(おどし)는 으름장, 위협을 뜻하지만 예능에서는 웃음이 터지는 포인
트를 뜻함.
ex) "오도시가 대단하더라."

니마이

진지함을 뜻함.

ex) "시바이는 죽이고 니마이를 살리는게 좋겠어."

바레

사전에 밝혀지면 안 되는 것을 의미함.

ex) "오늘 촬영분 바레나지 않게 조심하는 게 좋겠어."

나래비

나열하듯이 글을 적거나 편집해 놓은 것을 뜻함.

ex) "일단 편집본을 나래비로 붙여놨어."

와꾸

큰 틀에서 전체적인 상황, 개요를 뜻함.

ex) "이 구성은 와꾸가 좋다."

촬구, 편구

촬구는 촬영구성안, 편구는 편집구성안을 뜻함.

ex) "촬구는 오늘까지 완성하고 편구는 언제쯤 계획하고 있어?"

시마이

끝맺음을 의미함.

ex) "오늘 회의 이쯤에서 시마이하자."

튄다

편집상의 오류 혹은 이야기와 맞지 않는 상황이 들어가 있는 경우를 말함.

ex) "그림이 튀는 것(튄다) 같아."

EPILOGUE

"당신은 모든 콘텐츠의 주인이 될 수 있어요."

직업서적을 집필하기로 하고 주변 작가들이 쓴 직업서적을 살펴보았다. 모두가 한목소리로 꼽는 방송 작가의 장점은 '다양한 사람을 만나고 그 속에서 여러 세계를 깊이 있게 직간접적으로 경험할 수 있는 것'이었다. 실제 나의 휴대폰에는 몇천 개에 달하는 연락처가 존재한다. 일로 만난 사람 중 방송가 사람 빼고 의사, 바텐더, 브랜드 대표, 셰프, 종교인, 환경운동가, 메이크업 아티스트, 유튜버 등 분야를 막론하고 온 세계가 다 있다. 이 직업이 준 큰 재산이라고 여기는 부분이기도 하다.

나의 첫 번째 책《별별 일로 잘 먹고 삽니다》역시 직업서적이다. 앞서 말한 인맥들 덕분에 집필할 수 있었다. 전국으로 강연을 다니면서 아이들을 만날 때면 그들의 미래는 안정적으로 살아갈 공무원이 꿈의 최상위 계급이며 혹은 버는 돈의 숫자만 쫓는 게 다였다. 여러 직업이 존재하고 취미도 직업이 될 수 있다는 말을 아무도 믿지 않았다. 내 주변에는 너무 흔한 모습인데 말이다. 눈앞에서 보지 못했고 들려주는 사람이 없어서 꿈을 꾸는 데 한계가 있다면 내 언어로 더 들려주고 싶어 직업이 두 개 이상인 31명의 이야기를 담았다. 그런데 한 가지 빠뜨린 사실이 있었다. 방송 작가로 살아가는 나 역시 좋아하는 일들로 새로운 직업들을 채워나가고 있었다. 이를테면 강사, 뷰티 전문가, 칼럼니스트, 콘텐츠 기획자로 말이다.

방송 작가는 어느 한 분야, 그리고 그 속에 속한 인물의 이야기를 끄집어내고 세상의 주목을 받게 하는 중요한 역할을 하게 된다. 이 과정에서 조사하고 탐구하며 어떻게 더 잘 보일지에 대해 고민한다. 그리고 이를 실제 영상화시켜 대중에게 늘 평가받는다. 이 때문에 방송 작가는 매 순간 개인, 기업 브랜딩에 대해 끊임없이 훈련하는 과정을 겪고 있다고 본다.

방송 작가를 꿈꾼다면 수많은 스태프 중 한 사람이 아닌, 그 안에서 수련하며 자신의 색을 담은 어떤 콘텐츠를 발견하고 만들 수 있을지 더 고민해보길 바란다. 과거 퍼스널브랜딩이 개인 소셜미디어에만 머물렀다면 글, 사진, 영상, 직종별 커뮤니티 등 다양한 플랫폼을 통해 자신을 어필할 수 있는 곳이 점차 늘어나고 있다. 방송 작가는 타인을 설득할 수 있는 글, 영상 기술의 능숙함을 무기로 살아간다. 타인을 빛나게 하는 능력도 충분하지만 자신의 색깔도 끊임없이 탐구하길 바란다. 그렇다면 이 일을 오래 즐기면서 할 수 있고 예상치 못한 세계에서 나의 또 다른 잠재력을 발견해 스스로를 완성해 나갈 것이다.

나는 이러한 이유로 이 직업을 사랑하지 않을 수 없다. 이 직업을 가짐으로써 스스로 몰랐던 나를 매일 발견하고 있기 때문이다. 노동법에 근거한 질서가 아직은 잘 정비된 시장이 아니라 누군가는 당장 탈출하라고 말하지만 어떤 일이든 힘들고 스트레스는 따라온다. 이왕 태어난 거 누구보다 전투적이고 도전적이며 멋지게 살아보자. 이 마음가짐을 가졌을 때 방송 작가만 한 직업이 없다.

스탠바이, 방송 작가

초판 1쇄 발행 2023년 2월 28일
초판 2쇄 발행 2023년 7월 30일

글 강이슬
발행인 채종준

출판총괄 박능원
책임편집 김채은
디자인 김예리
마케팅 문선영 · 전예리
전자책 정담자리
국제업무 채보라

브랜드 크루
주소 경기도 파주시 회동길 230(문발동)
투고문의 ksibook13@kstudy.com

발행처 한국학술정보(주)
출판신고 2003년 9월 25일 제406-2003-000012호
인쇄 북토리

ISBN 979-11-6983-036-2 03040

크루는 한국학술정보주의 자기계발, 취미 등 실용도서 출판 브랜드입니다.
크고 넓은 세상의 이로운 정보를 모아 독자와 나눈다는 의미를 담았습니다.
오늘보다 내일 한 발짝 더 나아갈 수 있도록, 삶의 원동력이 되는 책을 만들고자 합니다.